T0208515

essentials

essentials liefern aktuelles Wissen in konzentrierter Form. Die Essenz dessen, worauf es als „State-of-the-Art" in der gegenwärtigen Fachdiskussion oder in der Praxis ankommt. *essentials* informieren schnell, unkompliziert und verständlich

- als Einführung in ein aktuelles Thema aus Ihrem Fachgebiet
- als Einstieg in ein für Sie noch unbekanntes Themenfeld
- als Einblick, um zum Thema mitreden zu können

Die Bücher in elektronischer und gedruckter Form bringen das Expertenwissen von Springer-Fachautoren kompakt zur Darstellung. Sie sind besonders für die Nutzung als eBook auf Tablet-PCs, eBook-Readern und Smartphones geeignet. *essentials:* Wissensbausteine aus den Wirtschafts, Sozial- und Geisteswissenschaften, aus Technik und Naturwissenschaften sowie aus Medizin, Psychologie und Gesundheitsberufen. Von renommierten Autoren aller Springer-Verlagsmarken.

Weitere Bände in der Reihe http://www.springer.com/series/13088

Martin Klaffke

Gestaltung agiler Arbeitswelten

Innovative Bürokonzepte für das
Arbeiten in digitalen Zeiten

Unter Mitwirkung von Stefan Klaffke, Artur Kühnel
und Jürgen Preute

Martin Klaffke
Berlin, Deutschland

ISSN 2197-6708   ISSN 2197-6716 (electronic)
essentials
ISBN 978-3-658-24863-5   ISBN 978-3-658-24864-2 (eBook)
https://doi.org/10.1007/978-3-658-24864-2

Die Deutsche Nationalbibliothek verzeichnet diese Publikation in der Deutschen Nationalbiblio-
grafie; detaillierte bibliografische Daten sind im Internet über http://dnb.d-nb.de abrufbar.

Springer Gabler

Springer Gabler ist ein Imprint der eingetragenen Gesellschaft Springer Fachmedien Wiesbaden
GmbH und ist ein Teil von Springer Nature
Die Anschrift der Gesellschaft ist: Abraham-Lincoln-Str. 46, 65189 Wiesbaden, Germany

Was Sie in diesem *essential* finden können

- Grundlegende Argumentation für die Nutzung des Büroraums als Wettbewerbsfaktor und Agilitätstreiber in VUCA-Zeiten
- Pragmatische Beschreibung von Handlungsfeldern und Vorgehen bei Konzeption und Implementierung zukunftsorientierter Büro- und Arbeitswelten
- Handlungsorientierte Darlegung von Lösungsansätzen der Informations- und Kommunikationstechnologien als Grundvoraussetzung neuer Arbeitsformen
- Prägnante Übersicht arbeitsrechtlicher Fragestellungen bei Gestaltung und Einführung moderner Bürowelten
- Illustrative Präsentation von konzeptionellem Ansatz und Erfahrungen der Lufthansa Group bei der Einführung ihres New Workspace als Fallstudie neuer Büro- und Arbeitswelten

Vorwort

Unsere Arbeits- und Lebenswelt befindet sich in einem radikalen Umbruch. Disruptive Technologien führen zu neuen Geschäftsmodellen mit ungeahnten Wachstumsmöglichkeiten und verändern die Spielregeln ganzer Branchen. Etablierte Unternehmen werden sich fundamental wandeln müssen, um das Potenzial der Digitalisierung auszuschöpfen. Dabei ist die Einführung von neuer Technik lediglich eine notwendige, jedoch nicht hinreichende Voraussetzung. Der Schlüssel zum Erfolg in digitalen Zeiten liegt vielmehr in der generellen Entwicklungs- und Anpassungsfähigkeit und damit in der Agilität einer Organisation. Dies verlangt von Unternehmen, eine konsequente Marktorientierung einzunehmen und Arbeitswelten zu schaffen, die die Geschwindigkeit von Management- und Innovationsprozessen sowie die Nutzung von Wissen fördern. Hierarchie- und bereichs-übergreifende Kommunikation sind hierfür ebenso erforderlich wie Netzwerkstrukturen mit weitgehender Selbstorganisation der Mitarbeitenden. Um den damit verbundenen Wandel in Richtung einer digitalen Kultur zu beschleunigen, setzen Vorreiter der Digitalisierung auf eine moderne Arbeitsplatzgestaltung, die die Zusammenarbeit unter den Beschäftigten nachhaltig unterstützt.

Das vorliegende Buch zeigt auf, wie Unternehmen den Büroraum als Wertschöpfungsfaktor nutzen und durch innovative Bürokonzepte Momentum für die Entwicklung einer agilen Arbeitswelt schaffen können. Mit seiner Praxisorientierung richtet es sich an Geschäftsführer und verantwortliche Führungskräfte im Personalbereich und Facility Management, die neue Bürowelten für das Arbeiten in digitalen Zeiten vorantreiben (wollen).

Zu danken gilt es den Experten, die als mitwirkende Autoren zu dieser Schrift maßgeblich beigetragen haben. *Stefan Klaffke* skizziert in Kap. 3 Anforderungen neuer Büro- und Arbeitswelten aus Perspektive der Informations- und Kommunikationstechnologien. *Artur Kühnel* zeigt in Kap. 4 den rechtlichen Rahmen auf, der bei der Einführung neuer Bürokonzepte zwingend zu beachten ist. Abschließend stellt *Jürgen Preute* mit einer Fallstudie in Kap. 5 die Realisierung der Neuen Arbeitswelt bei Lufthansa vor.

Es wäre zu wünschen, dass dieses Buch dazu beiträgt, Schubkraft für den digitalen Kulturwandel zu erzeugen und damit der Selbstbestimmung von Beschäftigten mehr Raum zu geben.

Berlin/Hamburg   Martin Klaffke
  im Dezember 2018

Inhaltsverzeichnis

Autorenverzeichnis

Dr. Martin Klaffke studierte Europäische Wirtschaft und promovierte an der Universität Bamberg. Anschließend arbeitete er mehr als acht Jahre bei internationalen Management Beratungen, zuletzt als Projektmanager bei Roland Berger Strategy Consultants. Dr. Martin Klaffke ist Professor für Betriebswirtschaftslehre an der Hochschule für Technik und Wirtschaft Berlin und leitet das Hamburg Institute of Change Management. Er forscht zu aktuellen Herausforderungen des Personalmanagements und hat sich jüngst an der University of California Berkeley und der University of Technology Sydney mit Generationen-Management und der Gestaltung innovativer Arbeitswelten beschäftigt. Als Berater und Top Management Coach unterstützt Dr. Martin Klaffke internationale Unternehmen bei der Gestaltung und Umsetzung nachhaltiger Veränderungsinitiativen.
Kontakt: Hochschule für Technik und Wirtschaft Berlin, Wirtschafts- und Rechtswissenschaften, Treskowallee 8, 10318 Berlin; martin.klaffke@htw-berlin.de; www.htw-berlin.de

Stefan Klaffke studierte Wirtschaftsinformatik an der Universität Erlangen-Nürnberg und war mehr als fünf Jahre als Berater bei Mummert Consulting tätig. Nach Stationen als Projekt- und IT-Manager arbeitete Stefan Klaffke mehrere Jahre als Interim CIO eines neu gegründeten Versicherungsunternehmens, wo er den Aufbau einer kollaborativen, zukunftsorientierten IT-Büro-Infrastruktur vorantrieb. Seit 2009 unterstützt er als freiberuflicher Berater und externer Partner des Hamburg Institute of Change Management Unternehmen im In- und Ausland in Fragen des agilen Projektmanagements, der ganzheitlichen Qualitätssicherung von IT-Vorhaben sowie der kontinuierlichen Evaluierung von IT Sourcing Projekten.
Kontakt: Stefan Klaffke – Partner of HICM Hamburg Institute of Change Management, Föhringer Allee 87, 85774 Unterföhring; stefan.klaffke@hicm.de; www.hicm.de

Dr. Artur Kühnel studierte Rechtswissenschaft an der Universität Hamburg und promovierte an der Universität Jena. Seit 2004 ist er als Rechtsanwalt zugelassen und als Fachanwalt ausschließlich auf dem Gebiet des Arbeitsrechts tätig. Dr. Artur Kühnel ist Gründungs- und Namenspartner der fast ausschließlich im Arbeitsrecht tätigen Kanzlei VAHLE KÜHNEL BECKER (Sitz: Hamburg; Tätigkeit: bundesweit). Insbesondere berät und vertritt er Arbeitgeber unterschiedlichster Branchen und Größen in diversen arbeitsrechtlichen Angelegenheiten. Neben seiner anwaltlichen Tätigkeit ist Dr. Kühnel regelmäßig als Dozent und Autor zu arbeitsrechtlichen Themen tätig.
Kontakt: VAHLE KÜHNEL BECKER Fachanwälte für Arbeitsrecht PartG mbB, Jungfernstieg 40, 20354 Hamburg; kuehnel@vahlekuehnelbecker.de; www.vahlekuehnelbecker.de

Jürgen Preute studierte Betriebswirtschaftslehre an der Technischen Hochschule Mittelhessen in Gießen und arbeitete zehn Jahre in der Unternehmensberatung mit dem Schwerpunkt bauorganisatorischer Vorplanung. Seit 2001 ist er Senior Manager in der Lufthansa Group. Im Bereich Projects & Buildings des Group Real Estate Management liegt sein Arbeitsschwerpunkt im Anforderungs- und Nutzerprojektmanagement. Seit 2012 verantwortet Jürgen Preute Entwicklung und Implementierung von Work Concepts und Work Standards in der Lufthansa Group und hat als Gesamtprojektleiter das Lufthansa New Workspace Konzept mittlerweile in mehr als 10 Standorten im In- und Ausland eingeführt.
Kontakt: Deutsche Lufthansa AG, Group Real Estate Management, Construction Projects & Workspace Concepts, Lufthansa Aviation Center, Airportring, 60546 Frankfurt; juergen.preute@dlh.de; www.lufthansa.com

Einleitung: Büro als Katalysator agilen Arbeitens

Zur Charakterisierung unserer Umwelt hat sich in den vergangenen Jahren der Begriff VUCA etabliert (Bennet und Lemoine 2014). Das aus dem US-amerikanischen Militärsprachgebrauch stammende Akronym steht für Volatility (Volatilität), Uncertainty (Unsicherheit), Complexity (Komplexität) und Ambiguity (Mehrdeutigkeit). Es beschreibt eine von disruptivem Wandel gekennzeichnete turbulente Welt, in der weder lineare Ursache-Wirkungsbeziehungen gelten noch Umweltveränderungen eindeutig interpretiert werden können, sodass Marktentwicklungen kaum prognostizierbar sind. Die Fähigkeit einer Organisation, frühzeitig Signale für Umfeld-Veränderungen zu erkennen und auf diese flexibel – sowohl reaktiv als auch proaktiv – zu reagieren, wird typischerweise mit dem noch nicht abschließend definierten Begriff der Agilität verbunden.[1]

Agilitäts-Charakteristika
Agilität steht prinzipiell in der Tradition klassischer organisationstheoretischer Ansätze zur Flexibilisierung und Anpassungsfähigkeit von Unternehmen (z. B. Lawrence und Lorch 1967), geht aber auch über diese hinaus, indem u. a. konsequente Kundenfokussierung sowie neue Management-Techniken und Tools, wie etwa Scrum in der Software-Entwicklung oder Design-Thinking bei der Produktentwicklung, unter dem Oberbegriff subsumiert werden (Petry 2018).

In agilen Organisationen haben markt- und kundenzentrierte Gewinnung sowie kollaborative Nutzung, Gestaltung und Integration von Wissen zentrale Bedeutung für die Geschäftsentwicklung. Agile Unternehmensführung fußt auf einer experimentellen Zukunftsorientierung im Sinne des Denkens in Szenarien. Anstelle einer

---

[1]Eine Übersicht der Definitionsansätze geben Eltawy und Gallear (2017).

eindeutigen Zieldefinition umfasst die Strategie dementsprechend eine grundlegende Richtungsbestimmung, die hinreichend Flexibilität bei der Umsetzung des situativ geeignetsten Zukunftsentwurfs lässt. Strukturell verfügen agile Unternehmen typischerweise über auf Schnelligkeit ausgelegte Management-Strukturen und Prozesse, flache Hierarchien sowie eine Netzwerk-Architektur von autonom agierenden (Projekt-)Teams. Dabei werden die Erweiterung des Handlungsspielraums und die Selbststeuerung der Beschäftigten von einer auf Vertrauen basierenden Innovationskultur flankiert. Diese akzentuiert permanentes Lernen und konstruktives Feedback, honoriert Mut zu Musterbrüchen und begreift dementsprechend experimentelles Scheitern als Element von Entwicklungsprozessen. Technisch basiert agiles Arbeiten schließlich auf neuen Technologien der Vernetzung, Zusammenarbeit und Kommunikation, bei denen Infrastruktur, Applikationen und Daten friktionslos zusammenspielen (DGfP 2016; Kienbaum 2015; Petry 2018).

In traditionellen Unternehmen ist agiles Arbeiten oftmals in dezidierten Organisationsbereichen etabliert, die unter Bezeichnungen wie „Digital Factory", „Digital Lab" oder „Digital Space" in Start-up-ähnlichen Strukturen die jeweiligen Digitalisierungsaktivitäten vorantreiben. Mit dieser dualen Organisationsaufstellung sollen nach dem Ambidextrie- beziehungsweise Beidhändigkeitsprinzip das bestehende Geschäft effizient ausgeschöpft (Exploitation) und zugleich neue Geschäftschancen mit agil operierenden Einheiten erschlossen werden (Exploration), um die langfristige Wettbewerbsfähigkeit zu erhalten (Abb. 1.1). Angesichts zunehmenden Innovationsdrucks dürfte es allerdings zukünftig immer weniger ausreichen, Exploration und Exploitation durch räumliche Trennung auszubalancieren. Vorgeschlagen wird daher vielfach der Ansatz der kontextuellen Ambidextrie, wonach innerhalb derselben Organisationseinheit die Beschäftigten beide Aufgaben bewältigen. Dies bedingt, einen von Vertrauen geprägten Organisationsrahmen zu schaffen, der – je nach Tätigkeit bzw. Problemstellung – das selbstorganisierte Arbeiten an innovativen Themen in flexiblen Projektstrukturen ebenso unterstützt wie die effiziente Erledigung des Tagesgeschäfts. Führungskräfte sind dabei nicht zuletzt gefordert, durch flexibles, situationsadäquates Verhalten potenzielle Konflikte zwischen Exploitation und Exploration zu harmonisieren (Rosing et al. 2011).

Arbeitsplatz-Anforderungen

Auf der Mikro-Ebene des Arbeitsplatzes bedarf agiles Arbeiten, wie etwa nach dem Scrum-Vorgehensmodell oder der Design Thinking-Methode, spezifischer Strukturen. Gerade eine moderne, kollaborationsförderliche Arbeitsplatzgestaltung vermag, der digitalen Transformation von Unternehmen Momentum zu verleihen (CapGemini 2017). Dies bedingt, bei der Bürogestaltung vor allem Möglichkeiten für persönlichen Austausch und Teamarbeit vorzusehen sowie für räumliche Nähe

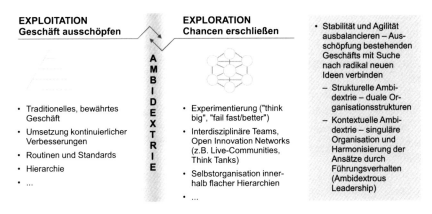

Abb. 1.1 Organisationale Ambidextrie. (Quelle: Eigene Darstellung, Gibson und Birkinshaw 2004; O'Reilly und Tushman 2004)

zwischen themenfokussiert zusammenarbeitenden Beschäftigten zu sorgen. Nach der „Allen-Kurve" nimmt die Wahrscheinlichkeit der (persönlichen) Kommunikation zwischen Kollegen mit zunehmender räumlicher Distanz ab. Menschen greifen eher zur E-Mail, wenn sie mehr als 20 m laufen müssen, um jemanden zu treffen (Steelcase 2012). Je nach Problemstellung zweckmäßig ist dabei nicht nur der Austausch mit Kollegen, die an derselben Aufgabe oder demselben Projekt arbeiten, sondern auch das spontane Zusammentreffen mit Beschäftigten anderer Bereiche in der Organisation. Dies hilft, Silostrukturen zu durchbrechen und soziale sowie Wissens-Netzwerke zwischen Abteilungen zu fördern. Nicht zuletzt können sich nach dem Prinzip der Serendipität gerade durch unerwartete Kontakte Impulse und Ideen für Neues ergeben (Merton und Barber 2006).[2]

Die mit Agilität typischerweise verbundene Wissensarbeit erfordert ferner, eine Vielzahl an Arbeitsplätzen bereitzustellen, um kreative Prozesse zu fördern. Studien zeigen, dass es kaum möglich ist, acht oder mehr Stunden mit kontrollierter Aufmerksamkeit an einer Sache zu arbeiten. Um das Leistungsvermögen des Gehirns optimal zu nutzen, gilt es vielmehr, zwischen fokussierter Arbeit und

---

[2]Der Begriff „Serendipität" (englisch: Serendipity) bezieht sich auf ein persisches Märchen, in dem drei Prinzen auf ihrer Reise durch Sri Lanka („Serendip") viele zufällige und unerwartete Entdeckungen machen. Grundlegend bekannt ist das Serendipitäts-Konzept im Arbeitsalltag aus strukturierten Brainstorming-Meetings.

Regenerations- beziehungsweise Inspirationsphasen auch räumlich zu wechseln und zudem für Aktivierung des Gehirns durch körperliche Bewegung zu sorgen (Steelcase 2015). Der traditionell stationäre Büroarbeitsplatz wird damit zu einer Option in einem Ökosystem von Arbeitsmöglichkeiten. Diese müssen auch weiteren Bedürfnissen von Wissensarbeitern gerecht werden, wie unter anderem der überall verfügbare, personalisierte Zugang zu Arbeitsmitteln sowie deren intuitive und intelligente Gestaltung (Münchner Kreis 2013).

Agilität bedarf schließlich der schnellen Wandelbarkeit der Bürofläche sowie der Multifunktionalität von Arbeitsplätzen. Eine anpassungsfähige Raumgestaltung erlaubt, auf Unternehmenswachstum und Organisationsveränderungen flexibel zu reagieren und trägt den vielfältigen Raumanforderungen von „Work Swarms" (Gartner 2010) Rechnung, die zunehmend traditionelle Teams ablösen. Hierbei handelt es sich um heterogen, non-hierarchisch zusammengesetzte Arbeitsgruppen, auch mit Beteiligung externer, die sich themenfokussiert bilden, Aktivitäten autonom erledigen und sich danach wieder auflösen.

Ausgangspunkt der Büro-Modernisierung
Studien zeigen, dass die meisten Bürowelten gegenwärtig (noch) keine optimalen Voraussetzungen für Kommunikation, Kollaboration, Wissenstransfer und kreative Prozesse bieten und die Unternehmensziele oftmals nur bedingt unterstützen (Fraunhofer 2018; Saurin 2012; Steelcase 2016). Insbesondere in Deutschland dominiert weiterhin das Zellenbüro, bei dem sich geschlossene Büroräume mit einem oder mehreren Arbeitsplätzen entlang eines Mittelflurs reihen (Steelcase 2016).

Da angesichts des seit längerem anhaltenden Trends zum mobil-flexiblen Arbeiten, beispielsweise im klassischen Homeoffice, Arbeitsplätze oftmals ungenutzt sind – Einzelbüros sollen bis zu 80 % der Zeit leer stehen (Kesling und Hagerty 2013) – verspricht die Büro-Modernisierung signifikante Kostensenkungspotenziale im Facility Management. So geht Fraunhofer (2010) davon aus, dass durch Flächenoptimierung Kosten für Miete und Unterhalt dauerhaft um bis zu 30 % gesenkt werden können. Die Büro-Neugestaltung allein aus Kostengesichtspunkten heraus zu betreiben, wobei Flächen durch die (Wieder-)Einführung von Großraumbüros lediglich verdichtet und trendige Büromöbel beschafft werden – wie bereits vielerorts geschehen – entspricht jedoch nicht den skizzierten Anforderungen einer agilen Arbeitswelt. Zugegebenermaßen gibt es Branchen, Unternehmensteile und Tätigkeitsfelder, in denen Wettbewerbsvorteile (noch) überwiegend auf Effizienz und Präzision beruhen, wie beispielsweise in der standardisierten Sachbearbeitung. Im Zuge neuer technologischer Möglichkeiten und der damit verbundenen Substituierbarkeit von Tätigkeiten durch künstliche Intelligenz dürften sich allerdings auch in diesen Bereichen zukünftig die Erfolgsfaktoren in Richtung agilen Arbeitens ver-schieben. Weitschauende Unternehmen sind daher gut beraten, ihre Büros schon heute nach neuen Maßstäben auszulegen und eine Arbeitswelt zu schaffen, die es ihnen erlaubt, auf dynamische Entwicklungen in ihren Tätigkeitsfeldern schnell und flexibel zu reagieren oder diese maßgeblich zu bestimmen. Im Endeffekt bedeutet dies, den Büroraum als strukturellen Treiber einer Kultur der Agilität aufzufassen und ihn als Wettbewerbsfaktor in digitalen Zeiten konsequent zu nutzen.

Handlungsfelder bei der Gestaltung neuer Arbeits- und Bürowelten

2

Die Gestaltung von Büroräumen und Büroarbeitsplätzen ist ein wesentlicher effektivitäts- und effizienzbestimmender Parameter in Organisationen (Abb. 2.1). Bürokonzepte müssen Unternehmenszielsetzung, Aufgaben sowie spezifische Arbeitsprozesse optimal unterstützen. Zugleich treiben sie durch ihre jeweilige Form der Flächennutzung die Höhe der Gebäudekosten, die bis zu 15 % der Gesamtorganisationskosten ausmachen (Deutsches Büromöbel Forum 2003).

Viele der aktuell im Zusammenhang agilen Arbeitens diskutierten Büro-Konfigurationen stammen von Technologieunternehmen, deren Erfolg vor allem auf der Produktivität kreativer Wissensarbeiter beruht. Dort ist die Gestaltung zukunftsweisender Arbeitsszenarien längst keine alleinige Aufgabe des Facility Managements mehr, sondern zugleich Kommunikationsinstrument und wichtiges Element der Personalstrategie. Büros tragen zur Bildung und Vermittlung der Unternehmenskultur bei, indem sie „eine Geschichte über eine Firma und ihre Produktmarken mittels einer Erlebnisreise durch die Räumlichkeiten [erzählen]. Da eine untrennbare Verknüpfung zwischen Markenidentität und Image besteht, werden die Büros selbst in den Augen der Mitarbeiter zu wichtigen Identifikationsobjekten" (Myerson und Ross 2003, S. 17). Um Nachwuchskräfte zu gewinnen und zu binden, sind Unternehmen geradezu gezwungen, moderne Büros mit informellem Charakter zu schaffen. Denn Hochschul-Absolventen, die selbstbestimmtes Lernen in Gruppenarbeit und Interaktion gewöhnt sind, erwarten dies auch an ihrem zukünftigen Arbeitsplatz (Abb. 2.1, Klaffke 2016a).

© Springer Fachmedien Wiesbaden GmbH, ein Teil von Springer Nature 2019
M. Klaffke, *Gestaltung agiler Arbeitswelten*, essentials,
https://doi.org/10.1007/978-3-658-24864-2_2

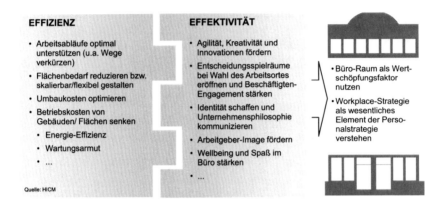

Abb. 2.1 Ziele neuer Büro- und Arbeitswelten. (Quelle: Eigene Darstellung, Klaffke 2017a)

2.1 Entwicklung Büro-Konzeptionen

Bürokonzeptionen haben sich in den letzten 100 Jahren wiederholt gewandelt. Wesentliche Treiber waren Veränderungen in den sozialen und wirtschaftlichen Verhältnissen, technologische Entwicklungen sowie Trends in Architektur und Design (Klaffke 2016a).

Um den gestiegenen Verwaltungsaufwand von großen Unternehmen zu Beginn des 20. Jahrhunderts zu bewältigen, entwickelte der Ingenieur Taylor in den USA das Konzept des „Fließbandbüros" (Rolf 2007). In **Großraumbüro**s mit zum Teil hunderten, eng beieinander liegenden Arbeitsplätzen führten gering qualifizierte Arbeitskräfte routiniert einfache Arbeitsschritte durch; lediglich Sonderfälle, die sich nicht standardisiert erledigen ließen, wurden von höher qualifizierten Sachbearbeitern vollständig allein bearbeitet. Ab den 1970er Jahren gilt das Großraumbüro als gescheitert. In den USA setzte sich der **„Cubicle"** durch. Dabei handelt es sich um kleine, abgegrenzte räumliche Einheiten innerhalb von Großraumbüros, die akustische Belastung verringern und in Grenzen Privatsphäre bieten.

Deutsche Unternehmen übernahmen zwar in Teilen das Konzept des Großraumbüros, die US-amerikanischen Ausmaße wurden indes nicht erreicht. Vorbild für das in Deutschland immer noch stark verbreitete **Zellen-Bürokonzept** sind die Uffizien in Florenz. Dabei reihen sich geschlossene Büroräume mit einem oder mehreren Arbeitsplätzen entlang eines Mittelflurs. Im Fall der flächenunwirtschaftlichen Ausgestaltung in Form von Einzelbüros bietet die Konfiguration zwar Raum für fokussierte, individuelle Arbeit, führt jedoch zu langen Wegen und erschwert damit Kommunikation sowie Zusammenarbeit der Beschäftigten.

Um die Vorteile sowohl des Großraum- als auch des Einzelbüros zu nutzen, wurde in Skandinavien in den 1980er Jahren das zonierte Gruppen- beziehungsweise **Kombibüro** entwickelt (Haynes und Nunnington 2010). Es verbindet Bürozellen mit Gemeinschaftseinrichtungen, wie zentrale Drucker oder Besprechungsmöglichkeiten, und soll so konzentriertes Arbeiten und produktiven Austausch gleichermaßen ermöglichen.

Die Verbreitung von Internet und leistungsfähigen mobilen Endgeräten in den vergangenen Jahren hat zu neuen **Arbeitsorten außerhalb des Büros** geführt (Abb. 2.2). Hierzu gehören neben dem zunehmend etablierten Arbeiten zu Hause (im sogenannten **Homeoffice**) temporäre Büros, unter anderem in Form von Co-Working Spaces, sowie „Third Places". **Co-Working Spaces,** wie *WeWork* oder *Mindspace,* vermieten auf Tages-, Wochen- oder Monatsbasis einzelne Arbeitsplätze. Dabei stellen sie nicht nur eine typische Büro-Infrastruktur zur Verfügung, sondern fördern durch Interaktionsflächen und Veranstaltungen auch die Vernetzung ihrer Kunden. Co-Working Spaces wurden ursprünglich von Vertretern der Kreativ-Branche und Selbstständigen genutzt, u. a. um Impulse zu erhalten und durch die Arbeit in Anwesenheit anderer ein produktivitätsförderliches Gemeinschaftsgefühl zu empfinden. Auch traditionelle Unternehmen greifen mittlerweile vermehrt auf Co-Working Spaces zurück, um Innovations-Prozesse zu

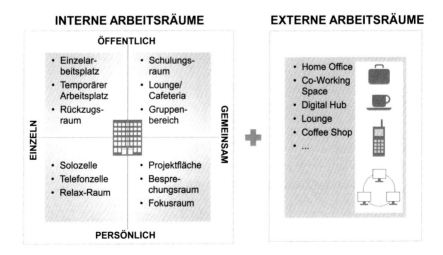

Abb. 2.2 Arbeitsmöglichkeiten. (Quelle: Eigene Darstellung, Klaffke 2017a)

stimulieren oder Spitzenflächenbedarfe flexibel abzufedern. Darüber hinaus haben sich in den letzten Jahren sogenannte **„Digital Hubs"** herausgebildet. Sie bieten kreativitätsförderliche Flächen, um als einzelnes Unternehmen oder zusammen mit weiteren Akteuren moderiert an digitalen Innovationen zu arbeiten.

Bei **„Third Places"** handelt es sich schließlich um weitere Orte, die jenseits vom eigenen Heim („Erster Ort") und dem Arbeitsplatz („Zweiter Ort") eine Art soziales Zuhause mit hohem Wohlfühlfaktor bieten und es erlauben, in ungezwungener Atmosphäre mit anderen Menschen Zeit zu verbringen (Oldenburg 1999). Beispiele „Dritter Orte" sind Bibliotheken, Coffee Shops, Lounges an Flughäfen oder auch Lobbys von Hotels und Unternehmen.

2.2   Merkmale und Elemente neuer Büro-Landschaften

Grundlegendes Merkmal von zukunftsorientierten Bürolandschaften ist eine offene Raumfläche. Dabei bieten flexibel nutzbare Zonen eine Vielzahl an Arbeitsmöglichkeiten, die konzentrierte Einzelarbeit ebenso unterstützen wie Projektarbeit im Team (Abb. 2.2). Beschäftigte sollen dabei den passenden Arbeitsplatz in Abhängigkeit von ihrer jeweiligen Aufgabe, individuellen Arbeitsweise oder aktuellen Stimmung frei wählen (Duffy 1997; Fraunhofer 2018; Klaffke 2016a).

Raumelemente für Einzelarbeit
Vor allem für Routinetätigkeiten bieten sich Einzelarbeitsplätze im offenen „Team Space" an. „Team Spaces" gruppieren typischerweise sechs bis acht Mitarbeiter, die an sogenannten Workstations oder Blocktischen auf einer offenen Fläche zusammensitzen. Um den informellen Austausch im Team zu fördern, können die Workstations etwa durch „Stand Up-Tables" oder „Alkoven" – Sofas mit sehr hohen Rücken- und Seitenpaneelen – ergänzt werden. „Team Spaces" greifen zwar die Großraumbüro-Idee auf, vermeiden jedoch weitgehend die Nachteile der Dichte großer Einheiten, da eine räumliche Trennung zu anderen Arbeitsgruppen besteht.

Hoch konzentrierte, individuelle und vertrauliche Tätigkeiten können Solozellen („Denkerzellen") oder auch schallgedämmte Telefonkabinen unterstützen. Sie stehen typischerweise allen Beschäftigten zur bedarfsorientierten Nutzung offen und tragen den Bedürfnissen introvertierter und reizempfindlicher Kollegen Rechnung. Um zur Ruhe zu kommen oder kurz Abstand zu Kollegen zu gewinnen, eignen sich ferner auch Rückzugsnischen in öffentlichen Räumen oder speziell angelegte Entspannungsräume und Relax-Kabinen. Denn ein Mehr an Privatsphäre bedeutet keineswegs, an exklusiven Einzelbüros festzuhalten, sondern vielmehr Bedürfnisse nach Ungestörtheit und nach Kontrolle von Außenreizen bei der Raumgestaltung zu berücksichtigen.

Für Externe oder überwiegend mobil beziehungsweise im Homeoffice arbeitende Beschäftigte eignen sich schließlich „Hot Desks". Diese temporären Arbeitsplätze ähneln oftmals dem „Team Space". Die Besonderheit ist allerdings, dass Mitarbeiter aufgrund ihres Arbeits-Nomaden-Status über keinen fest zugewiesenen Schreibtisch verfügen, sondern beim Aufenthalt im Büro jeweils einen freien Arbeitsplatz auswählen.

Raumelemente für Projekt- und Gruppenarbeit
Formelle Teamarbeit vollzieht sich heute überwiegend in kleinen Einheiten. Nicht nur Microsoft hat daher eine Vielzahl an „Fokusräumen" eingerichtet, in denen sich Kleingruppen von bis zu vier Beschäftigten vertraulich treffen können. Auch traditionell abgeschottete, größere Besprechungsräume werden bisweilen offener gestaltet. Bei SAP in Palo Alto trennen beispielsweise Vorhänge Besprechungszonen von den Teamarbeitsplätzen ab, sodass Vorbeigehende Inhalte einer laufenden Gruppenbesprechung problemlos mitbekommen können.

Für projektbezogene, agile Gruppenarbeit eignen sich flexibel abtrennbare Projektflächen, oftmals als „Innovation Space" oder „Ideenraum" bezeichnet, die unterschiedlichste Nutzungsarten, wie u. a. Design Thinking oder Hackathons, unterstützen. Die Mercedes-Benz-Fabrikplanung in Stuttgart hat beispielsweise Arbeitsinseln in Form von „Projekthäusern" geschaffen, die einem Team exklusiv multiple Nutzungsmöglichkeiten bieten, wie etwa Durchführung von Review Meetings und Feedback Sessions, Ideenentwicklung, Prototyping oder (iterative) Lösungsrealisierung.

Um den spontanen Wechsel von Einzel- in Gruppenarbeit zu erleichtern, ist es wichtig, „Fokusräume" und Projektflächen in unmittelbarer Nähe der „Team Spaces" vorzusehen. Zudem sollten sie mit Medienwänden und Video-Conferencing-Technik ausgestattet sein, um interaktive Treffen sowie virtuelle Zusammenarbeit optimal zu unterstützen.

Wichtiges Element moderner Bürolandschaften sind ferner informelle Orte, wie etwa Lounges. Als kommunikative Zentren fördern sie den zufälligen Kontakt unter Kollegen aus unterschiedlichsten Einheiten, können aber auch für gruppendynamische Prozesse genutzt werden. Diese öffentlichen Flächen sollten sich (ebenso wie die Projektflächen) durch ihre atmosphärische Gestaltung eindeutig von den Einzelarbeitsplätzen abheben, um kreatives Arbeiten, beispielsweise in Form von Brainstorming-Runden, zu unterstützen. Zweckmäßige Elemente sind außergewöhnliche Sitzmöbel sowie Spiel- und Entspannungseinrichtungen, wie etwa ein Kickertisch, da sie Strukturen schaffen, in denen beruflicher Perfektionismus und Leistungsorientierung in den Hintergrund treten. Für das gemeinsame und informelle Arbeiten sowohl in Gruppen als auch als Einzelner kommen ferner Kantine und Cafeteria infrage. Letztere sind besondere organisationale Knotenpunkte, an denen Beschäftigte regelmäßig zusammenkommen und hierarchieübergreifend interagieren. Es empfiehlt sich daher, diese oft nur temporär zur Mittagszeit genutzten Bereiche bei der flächenoptimierten Bürogestaltung mit einzubeziehen und Sozialräume zu schaffen, die Essen und Arbeiten pragmatisch kombinieren.

Um gezielt Impulse von Start-Up Unternehmen zu erhalten, schaffen einzelne Unternehmen schließlich Innovation Campus, indem sie innovativen Gründern vergünstigt Büroflächen auf ihrem Gelände anbieten, oder sie nutzen Digital Hubs, wie etwa *Spielfeld* in Berlin, um bewusst abseits des Organisationsalltags zusammen mit Start-Ups an kreativen Lösungen zu arbeiten.

Raumnutzug

Im Ergebnis sind zukunftsorientierte Bürolandschaften ein sich im Fluss befindliches Ökosystem von Arbeitsmöglichkeiten. Um dabei den unterschiedlichen Anforderungen der sich wandelnden Teams schnell und zu geringen Umbaukosten Rechnung zu tragen, sind flexible Raumwandsysteme zur Abtrennung von Arbeitsbereichen (und zur Dokumentation von Arbeitsergebnissen) ebenso erforderlich wie Mobiliar auf Rollen.

Da durch mobiles Arbeiten und das Angebot einer Vielzahl an Arbeitsszenarien – von der Solozelle bis hin zur Projektfläche – Arbeitsplätze in den „Team Spaces" temporär unausgelastet bleiben, haben viele Unternehmen **non-territoriales Arbeiten** eingeführt. Konkret bedeutet dies, die feste und direkte Zuordnung von Arbeitsplätzen zu Mitarbeitern aufzuheben, sodass die Anzahl der vorhandenen Arbeitsplätze geringer ausfällt als die Zahl der Nutzer. In Abhängigkeit von Tätigkeitsanforderungen und Nutzerverhalten liegt die sogenannte „Sharing Ratio" oftmals zwischen 60 und 80 % (Kitterle 2016).

Gleichwohl non-territoriales Arbeiten ein gesamtes Bürogebäude umfassen kann, erscheint es sinnvoll, das Teilen von Arbeitsplätzen zunächst auf eine Abteilung oder ein Team zu beschränken, um den Beschäftigten Orientierung und ein Gefühl von Zugehörigkeit beziehungsweise Heimat zu vermitteln. In diesem Fall werden die „Team Spaces" einer Abteilung oder eines (größeren) Teams in ihrer Gesamtheit zur „Homebase" eines Mitarbeiters, innerhalb derer dann das „Desk-Sharing" erfolgt.

Auch wenn kein Teilen von Arbeitsplätzen vorgesehen ist, bietet es sich an, regelmäßig die Sitzordnung innerhalb von Teams zu verändern, um eingefahrene

Sozialkontakte zu durchbrechen und Wissensaustausch zu stimulieren. Nicht zuletzt ist die Rotation Ausdruck von Fairness, indem alle Beschäftigte in den Genuss der besten Arbeitsplätze, etwa jener direkt am Fenster, kommen können (Harvard Business Review 2018).

Neben technischen Voraussetzungen, wie u. a. dem papierlosen Büro, sind für non-territoriale Arbeitsszenarien Nutzungsregeln erforderlich, wie die sogenannte „Clean Desk Policy", wonach der Schreibtisch bei Verlassen entsprechend leer zu räumen ist. Hierfür werden üblicherweise Roll-Container oder Spinde zur Verfügung gestellt, um Arbeitsmittel und Unterlagen aufzubewahren.

Atmosphärische Raumelemente

Bei der Gestaltung von Büros spielen atmosphärische Elemente eine wichtige Rolle, um Kreativität, Identifikation und Wohlbefinden am Arbeitsplatz zu fördern.

Neben Beleuchtung und Temperatur sind Fragen der Akustik bei offenen Büroraum-Lösungen besonders relevant, um bei erhöhter sozialer Dichte ein optimales Raumklima zu schaffen. Teppichboden, akustisch wirksame Deckenelemente, Vorhänge und Schirme zwischen Workstations eignen sich als Schallabsorber ebenso wie akustisch wirksames Mobiliar, transparente Folien oder auch Absorber, die als Bilder gestaltet sind. Ferner empfiehlt es sich, Regeln der respektvollen Zusammenarbeit zu vereinbaren, wie beispielsweise für längere Besprechungen und Telefonate den „Team Space" zu verlassen.

Zur Kennzeichnung der einzelnen Arbeitszonen bietet es sich an, für Bodenbeläge und Wände eine zonen-spezifische Farbgebung zu wählen. Hierdurch wird nicht nur visuell Orientierung gegeben, sondern zugleich Abwechslung im Ambiente geschaffen. Grundlegend gilt, bei der Farbwahl für Ausgewogenheit von Reiz und Entspannung zu sorgen. Dezente Farben fördern die Innenorientierung und unterstützen somit konzentrierte Arbeit. Starke Farben, wie etwa ein leuchtendes Rot, stimulieren hingegen die Außenorientierung und eignen sich beispielsweise für Kommunikationsräume (Brüschweiler et al. 2009).

Wohlbefinden am Arbeitsplatz lässt sich ferner durch ein Raumdesign nach den Grundsätzen der Biophilie steigern, indem eine visuelle und physische Verbindung zur Natur geschaffen wird. Für die Gestaltung des Büroraums empfehlen sich daher insbesondere helle Inneneinrichtungen mit einem großen Holzanteil, Pflanzenarrangements und Grasinseln ebenso wie Echt-Moos-Paneele oder Wasserelemente.

Darüber hinaus zeigt sich ein Trend, das häusliche Wohlfühl-Ambiente auf Büroraumelemente zu übertragen, indem Textilien und dekorative Elemente Verwendung finden. So sind etwa bei AirBnB in San Francisco die Besprechungsräume den Salons der Gastgeber nachempfunden und dementsprechend mit vielfältigen Accessoires ausgestattet.

Zur Gesunderhaltung der Beschäftigten richten Unternehmen schließlich sogenannte „Feel Good Areas" ein, wie Fitness-, Yoga- oder Massageräume. Salesforce in San Francisco verfolgt beispielsweise das Prinzip der Achtsamkeit, u. a. indem sich auf der Fläche eine Meditationszone findet und Bodenbeläge die Anmutung eines Zen-Gartens haben.

2.3   Erfolgsvoraussetzungen und Umsetzung

Um Agilität durch das Bürokonzept zu fördern, gilt es, Raumkonzept, Informations- und Kommunikationstechnologie (Kap. 3) sowie Führung und Zusammenarbeit unter Beachtung des rechtlichen Rahmens (Kap. 4) aufeinander abzustimmen (Klaffke 2017b).

Führung und Zusammenarbeit
Agiles Arbeiten und Wahlmöglichkeiten bei der Arbeitserledigung im Kontext der flexiblen Büro-Philosophie setzen auf die Initiative des Einzelnen und bedingen eine veränderte Form der Mitarbeiterführung. Unerlässlich ist es, Raum für Selbstorganisation zu geben und auf Ergebnis- anstelle von Präsenzorientierung zu setzen. Studien zeigen nicht zuletzt, dass diejenigen Mitarbeiter am engagiertesten sind, die kontrollieren können, wie und wo sie arbeiten (Steelcase 2016). Dazu zählt insbesondere die Möglichkeit, sich ungestört zurückzuziehen und die Arbeitsumgebung je nach anstehender Aufgabe und Stimmung frei zu wählen.

Je stärker Zusammenarbeit crossfunktional, an verschiedenen Orten oder auch außerhalb des Büros und somit virtuell erfolgt, desto größer erscheinen die Herausforderungen bei der Teamkoordination sowie die von den Beschäftigten zu leistenden Verhaltens- und Einstellungsanpassungen. Insbesondere die vielfältigen Möglichkeiten von (Online-)Austausch und Zusammenarbeit stellen erweiterte Anforderungen an Team- und Selbst- sowie Technik- und Methodenkompetenz.

Mit der Erweiterung des Handlungsspielraums der Beschäftigten verbunden ist eine zeitgemäße Interpretation der Rollen einer Führungskraft. Mehr Selbstorganisation der Beschäftigten bedeutet keineswegs den Verzicht auf Führung. Nach den Prinzipien der ermächtigenden Führung sollte die Führungskraft jedoch nicht anweisen und kontrollieren, sondern als Gestalter und Berater Rahmenbedingungen schaffen, die es dem jeweiligen Beschäftigten individuell erlauben, optimale Leistungen zu erbringen (Amundsen und Martinsen 2014). Besonders wichtig erscheinen dabei offene und direkte Rückmeldebeziehungen zwischen Führungskräften und ihren Mitarbeitern, um Informationen zu teilen, zur Eigeninitiative zu ermutigen und Unterstützung anzubieten.

In Anbetracht der neuen Führungsherausforderungen wird die Führungskräfte-
entwicklung zu einem zentralen Erfolgsfaktor bei der nachhaltigen Umsetzung
agiler Arbeitswelten. Dabei reicht es bei weitem nicht aus, Führungskräften neue
Informations- und Kommunikationstechnologien zu vermitteln. Bei zunehmend
fluider werdenden hierarchischen Strukturen gilt es vielmehr, Hilfe zu bieten, das
neue Rollenverständnis sowie den oftmals gefühlten Macht- und Statusverlust zu
reflektieren, Kompetenz sowie Sicherheit im Umgang mit der Selbstorganisation
der Mitarbeiter zu entwickeln und insbesondere die Kommunikationsfähigkeit zu
erweitern (Weber et al. 2018).

Flankierend empfiehlt sich die Überprüfung und Anpassung der Führungs-
instrumente, wie etwa Führungsgrundsätze, Beurteilungen oder Zielvereinbarungen,
die das Verhalten von Mitarbeitern und Führungskräften strukturell beeinflussen
(Capgemini 2017). Hierzu gehören etwa die Einführung von multiperspektivischen
Feedback-Prozessen bei Leistungsbeurteilungen und Potenzialevaluationen, die
unterjährig rollierende Anpassung von Zielvereinbarungen sowie die Vereinbarung
von Teamzielen.

Mobilisierung der Organisation
Der Übergang von traditionellen Bürokonfigurationen zu zukunftsorientierten
Arbeitswelten bedeutet in der Regel einen tiefgreifenden Veränderungsprozess,
der durch Change Management systematisch orchestriert werden muss (Abb. 2.3).
Dabei ist die vertrauensvolle Zusammenarbeit mit der Arbeitnehmervertretung
zwingend geboten (Klaffke 2017b, c).

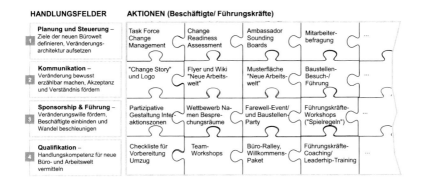

Abb. 2.3 Mobilisierungsprogramm. (Quelle: Eigene Darstellung, Klaffke 2017b, c)

- *Planung und Steuerung*
  Basis für die Mobilisierung der Organisation ist ein Aktionsplan, der alle mitarbeiterbezogenen Maßnahmen bündelt. Die konkreten Inhalte des Aktionsplans werden maßgeblich vom Umfang der Veränderungen sowie der Veränderungsfähigkeit und -bereitschaft der Belegschaft bestimmt. So bedeutet der Übergang von geschlossenen Raumlayouts zu einer offenen Raumgliederung meist eine stärkere Zäsur als Anpassungen des Arbeitsvollzugs innerhalb bereits flexibilisierter Flächen. Denn Führungskräfte und Mitarbeiter empfinden es oftmals als Verlust von Privatsphäre und erreichtem Status, wenn sie ihr Einzelbüro aufgeben sollen. Ferner dürfte die Reaktion der Belegschaft auf neue Formen der Arbeitsgestaltung von Freiheitsgraden bei der Aufgabenerledigung geprägt sein. Hierzu gehören in örtlicher Sicht die selbstgesteuerte Nutzung des Homeoffice oder die Arbeit in Co-Working Spaces sowie aus zeitlicher Sicht die – soweit möglich – vollständige Flexibilisierung der Arbeitszeit.
  Um Stimmungsbild und Mobilisierungsstand der Organisation nachzuhalten, werden in der Praxis neben selektiven Mitarbeiterbefragungen oftmals moderierte „Sounding Boards" durchgeführt, d. h. Fokus-Workshops mit ausgewählten Führungskräften und Mitarbeitern, die den „Temperatur-Check" im Dialog und in Echtzeit erlauben.
- *Kommunikation*
  Professionell konzipierte und dann konsequent praktizierte Kommunikationsarbeit ist ein Muss bei der Mobilisierung. Ausgangspunkt ist die sogenannte „Change Story". Sie sollte den tieferen Sinn des Vorhabens auf prägnante Weise zum Ausdruck bringen und so aufgebaut sein, dass Führungskräfte und Mitarbeiter auch emotional erreicht werden. So bettet Salesforce in San Francisco etwa das neue Bürokonzept in die Ohana-Philosophie des Unternehmens ein, die in Anlehnung an die hawaiianische Großfamilie den Gemeinschaftssinn der Organisation betont.
  Für die konkrete Kommunikation sollte ein Kommunikationsplan erarbeitet werden, der eine Vielzahl an Kanälen und Instrumenten bündelt. Neben medialer Kommunikation, etwa über Newsletter und Intranet, ist erfahrungsgemäß die persönliche Ansprache kritisch für den Erfolg der Überzeugungsarbeit. Ebenso bietet es sich an, Planungsunterlagen in öffentlichen Räumen auszuhängen oder vergleichbare Büros anderer Unternehmen zu besuchen. Noch wirksamer ist jedoch, einzelne Elemente der Büro-Konfiguration auf der bestehenden Fläche nachzubauen. Die tatsächliche Migration könnte so leichter fallen, da bereits sehr frühzeitig ein klares Bild von der Zukunft vermittelt wurde und eine entsprechende Auseinandersetzung stattgefunden hat.

- *Sponsorship und Führung*
  Commitment und Engagement der Führungskräfte zählen zu den wichtigsten Erfolgsfaktoren für das Gelingen von Veränderungsinitiativen. Führungskräfte müssen das Arbeiten in offenen und flexiblen Bürokonfigurationen vorleben. Konkret bedeutet dies, dass auch für sie eine offene und flexible Büro-Konfiguration gelten muss. Denn schwer vermittelbar ist es, wenn die Beschäftigten im Zuge der Büro-Modernisierung zukünftig non-territorial im „Team Space" arbeiten sollen, aber auf der Geschäftsführungsetage Vorzimmer und Chef-Büro erhalten bleiben.
  Darüber hinaus ist die Einbindung der Belegschaft als Mit-Gestalter („Co-Architekt") der neuen Bürowelt unerlässlich. Zugegebenermaßen kann zukunftsweisendes Büro-Design nicht vollends demokratisch sein. Mitwirkungsmöglichkeiten der Beschäftigten bestehen jedoch in allen Phasen der Büro-Modernisierung – von der Ermittlung des Funktions- und Flächenprogramms bis hin zur Layout- und Belegungsplanung. Um den Wandel der Unternehmenskultur auf der Arbeitsebene zu unterstützen, eignen sich Team-Workshops, die im Idealfall vor und nach dem Bezug der neuen Fläche stattfinden. Im ersten Workshop geht es darum, die veränderte Arbeitswelt insgesamt zu verstehen, Raum für Fragen und Sorgen der Beschäftigten zu geben und generelle Verbesserungspotenziale in den Arbeitsprozessen zu erkennen und umzusetzen. Zudem sollten Regeln für die zukünftige Zusammenarbeit vereinbart werden, wie etwa Leitlinien zur Lautstärke oder zum Aufräumen des Arbeitsplatzes im Falle einer „Clean Desk Policy". Der zweite Workshop, etwa sechs bis acht Wochen nach Bezug der neuen Fläche, dient dem Austausch von Erfahrungen mit der neuen Arbeitswelt. Die Leitlinien der Zusammenarbeit aus dem ersten Workshop werden überprüft, und falls erforderlich, werden weitere Maßnahmen verabschiedet.
- *Qualifizierung*
  Um das Arbeiten in den neuen Strukturen zu fördern, ist schließlich Handlungskompetenz von Führungskräften und Mitarbeitern unerlässlich. Bosch unterstützt beispielsweise die Umsetzung der neuen Arbeitsformen durch vielfältige Trainingsangebote und stellt jedem Team einen „Agile Coach" zur Seite (Biemann 2018).
  Grundlegend gilt es überdies, lebenslanges Lernen zu institutionalisieren und damit Lern-Agilität zu fördern. Für die permanente Weiterbildung bieten sich vielfältige Formate an, die von selbstgesteuertem e-Learning über klassische Trainings bis hin zu Coaching reichen. Besonders erfolgskritisch ist, wie oben skizziert, das zukünftige Verhalten der Führungskräfte. Sie sind bei der Einführung agiler Arbeitswelten in zweierlei Hinsicht gefordert. Zum einen sollen

Vorgesetzte ihre Mitarbeiter für den Wandel mobilisieren. Zum zweiten sind sie selbst mit neuen Anforderungen konfrontiert. Schulungen, Führungskräfte-Workshops und Netzwerkveranstaltungen vermögen, Vorgesetzten Orientierung zu geben, wie Mitarbeiterführung im neuen Kontext aussehen kann, und bieten ihnen eine Plattform, um ein einheitliches Führungsverständnis zu entwickeln. Ergänzend bieten sich Einzel-Coachings an, in denen Führungskräfte ihre Roadmap für den Wandel entwickeln können.

Mobilisierungsmaßnahmen schaffen Aufbruchsstimmung und können den Übergang in die neue, agile Arbeitswelt erleichtern, Wunder vollbringen können sie indes nicht.

Während Unternehmen mit der Verdichtung von Teamflächen ihre in Flächenwirtschaftlichkeit gemessenen Effizienzziele meistens schnell erreichen, wird der Erfüllungsgrad der für Agilität relevanten verhaltensorientierten Ziele oftmals kaum oder nur unsystematisch erhoben (Klaffke 2017c). Wenn neue Verhaltensweisen, wie Selbstorganisation und autonome Wahl des Arbeitsortes, allerdings keine nachhaltige Förderung erfahren, besteht die Gefahr, dass Mitarbeiter von den neuen Arbeitsszenarien, etwa den Lounges oder den Relax-Bereichen, keinen Gebrauch machen und deren Potenziale ungenutzt bleiben. Die Initiatoren neuer Büro- und Arbeitswelten müssen daher „dranbleiben". Dies bedeutet beispielsweise, nach der Besiedelung der neuen Fläche Vorgesetzte anzuhalten, das neue Büronutzungsverhalten regelmäßig in Einzelgesprächen und Teambesprechungen zu thematisieren. Schließlich sollte auch das Kollaborations- und Nutzerverhalten in der neuen Büro- und Arbeitswelt regelmäßig erhoben werden. Innovative und IT-basierte Instrumente zur Kommunikations- und Netzwerkanalyse bieten sich hierfür ebenso an wie die klassische Mitarbeiterbefragung. Letztere könnte beispielsweise um Fragen zum Kommunikationsverhalten sowie um de facto genutzte Freiheitsgrade bei der Wahl des Arbeitsorts erweitert werden. Die gemessenen Veränderungsfortschritte empfiehlt es sich, kritisch zu reflektieren und – soweit erforderlich – sowohl die physische Büro-Konfiguration als auch die Standards für Führung und Zusammenarbeit in den neuen Arbeitswelten nach zu justieren. (Klaffke 2017b, c).

Anforderungen an Büro-Informations- und Kommunikationstechnologie 3

von Stefan Klaffke

Die Umsetzung innovativer Arbeitswelten bedarf typischerweise der Einführung neuer Informations- und Kommunikationstechnologien (IKT).[1] Aufgrund der Langfristigkeit und gegebenenfalls hohen Investitionsvolumina ist es geboten, Entscheidungen nicht ad hoc zu treffen, sondern IT-Anforderungen neuer Bürowelten adäquat zu analysieren, für den Kontext passende Konzepte zu entwickeln, diese in eine übergreifende IT-Modernisierungsstrategie einzubetten und ihre Umsetzung detailliert zu planen. Eine ganzheitlich konzipierte IT-Modernisierungs-Strategie kann dazu beitragen, Insellösungen zu vermeiden und somit langfristig Kosten zu sparen.

Ferner sind mit der Digitalisierung des Arbeitsplatzes auch Risiken, wie z. B. Datendiebstahl beziehungsweise -verlust oder Ausfall der Infrastruktur verbunden, z. B. aufgrund von Hackerangriffen, die eines effektiven Managements bedürfen. Daher ist die IT-seitige Unterstützung neuer Arbeitswelten eng verknüpft mit Fragen der grundlegenden Gestaltung der IT-Infrastruktur sowie Datensicherungs- und Datenschutzmaßnahmen (Abb. 3.1).

Wie in den meisten Fällen der betrieblichen Praxis, gibt es auch bei der technischen Realisierung neuer Arbeitswelten kein Standardvorgehen, das für jedes Unternehmen gleichermaßen effektivitäts- und effizienzsteigernd wirkt. Um Orientierung zu geben, wird hier eine IKT-Architektur vorgestellt, deren

---

[1]Der Text basiert in Teilen auf dem Beitrag „Enterprise 2.0 – Gestaltung der Büro- Informations- und Kommunikationstechnologie" von Stefan Klaffke und Stefan Reinheimer, veröffentlicht in Klaffke, M. (Hg.) 2016. Arbeitsplatz der Zukunft, S. 141–167.

© Springer Fachmedien Wiesbaden GmbH, ein Teil von Springer Nature 2019
M. Klaffke, *Gestaltung agiler Arbeitswelten*, essentials,
https://doi.org/10.1007/978-3-658-24864-2_3

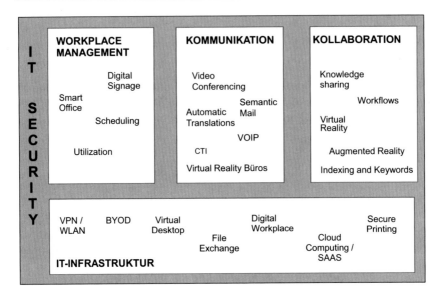

Abb. 3.1 Mögliche Bestandteile einer IT-Modernisierungsstrategie. (Quelle: Eigene Darstellung)

Lösungen bei der Modernisierung des Arbeitsplatzes generell in Betracht kommen. Viele der in Abb. 3.1 aufgeführten Technologien und Produkte finden sich bereits im betrieblichen Alltag, sodass sie als „Good Practices" gelten können.

3.1 IT-Infrastruktur: Verlagerung des Desktops in die Cloud

Um der Flexibilisierung der Arbeitsumgebung Rechnung zu tragen, sind zunächst Informations- und Kommunikationstechnologien erforderlich, die ortsunabhängige Arbeit mit einem beliebigen Endgerät ermöglichen.

WLAN/Virtual Private Network
Zur Unterstützung mobilen Arbeitens innerhalb des Bürogebäudes, im Homeoffice oder an weiteren externen Orten werden Beschäftigte oftmals mit WLAN-fähigen Notebooks ausgestattet. Standardarbeitsplätze, etwa im Team Space, umfassen vielerorts ausschließlich Monitor, Tastatur, Maus sowie Docking Station (soweit keine Portreplikatoren zum Einsatz kommen). Für die kabellose Verbindung zum

Firmennetzwerk werden WLAN-Accesspoints auf dem Firmengelände eingerichtet, wobei bisweilen getrennte WLAN-Netzwerke für interne und externe Kollegen Verwendung finden. Um von unterwegs oder im Homeoffice auf Daten zuzugreifen, meldet sich der Anwender im Unternehmensnetzwerk per VPN (Virtual Private Network) an, das eine sichere, verschlüsselte Verbindung über das öffentliche Internet ermöglicht.

Virtualisierung des Desktops
Als weitere Ausbaustufe der IT-Infrastruktur kommen die Vereinheitlichung und die Virtualisierung ganzer „Desktops" in Betracht. Hierbei werden die Applikationen beziehungsweise die Desktops der Benutzer auf einem zentralen Server bereitgestellt. Die individuelle Softwareverteilung auf Endgeräte entfällt. Der Anwender benötigt einen sicheren Internet Zugriff auf das Firmennetzwerk und ein Device (z. B. Notebook, Thin Client, Tablet), um sich den Desktop anzeigen zu lassen.

Aus Sicht des IT Betriebs bietet dieser Ansatz zahlreiche Vorteile gegenüber einer VPN-Lösung:

- Effizienzgewinn durch Bereitstellung eines Standard-Desktops für die Mehrzahl der Mitarbeiter oder Bereitstellung individueller Desktops für spezielle Nutzergruppen,
- Ausschluss der Installation nicht autorisierter Software,
- Vermeidung von Datenverlust bei Diebstahl oder Verlust des Endgeräts,
- Verhinderung unbefugten Zugriffs über das Endgerät (Citrix 2015).

Im Prinzip ist bei der Virtualisierung des Desktops die Verwendung von unternehmenseigenen Geräten nicht mehr erforderlich, sofern die Speicherung der Daten auf dem virtuellen Desktop erfolgt. Daher erlaubt diese Lösung Beschäftigten, ihre eigenen privaten Endgeräte im Rahmen von BYOD-Ansätzen (Bring Your Own Device) zur Anzeige der Desktops einzusetzen. Unternehmen können hierdurch Beschaffungskosten von Endgeräten senken und zugleich die Mitarbeiterzufriedenheit steigern, wenn die Beschäftigten ihre präferierten Endgeräte nutzen dürfen.

Software as a Service (SaaS)
Ergänzend zur Virtualisierung von Anwendungen und Desktops verstärkt sich der Trend, Standardsoftware durch einen spezialisierten Internet-Anbieter im Rahmen eines Abo-Modells zu beziehen und diese im Internet zu betreiben. Sogenannte *Cloud Services* existieren mittlerweile für zahlreiche Funktionen

und decken häufig ganze Geschäftsprozesse ab. Daten als auch Anwendung verbleiben bei dieser Lösung in der Cloud, d. h. auf der Plattform des Anbieters. Die Plattform wird von verschiedenen Kunden (jeweils in getrennten Mandanten) genutzt, sodass Individuallösungen, wie bei firmeninternen Anwendungen, allerdings nur bedingt möglich sind.

Die im Internet, also in der Public Cloud, angebotenen spezialisierten Anwendungen stellen leicht bedienbare Oberflächen zur Verfügung. Sie erfordern zur Bedienung lediglich einen Internet Browser und können von einem beliebigen Endgerät (Rechner, Notebook, Smartphone, Tablet) genutzt werden. Darüber hinaus ist bei einigen SaaS-Anbietern auch die Integration von Public Cloud-Services und Unternehmens-Benutzerverzeichnissen möglich, beispielsweise zur Vermeidung doppelter Anmeldung und zur sicheren Authentifizierung des Anwenders.

Vorteile der Cloud-Lösung sind nicht zuletzt ein geringerer Software-Wartungsaufwand seitens der unternehmensinternen IT sowie eine größere Flexibilität bei der Lizenzierung der Benutzeranzahl.

Für den Zugriff auf das Firmennetzwerk ist bei allen Lösungsansätzen ein ausreichender Schutz von Firmen- und Kundendaten zu gewährleisten. Technische Maßnahmen, wie etwa Verschlüsselung der Kommunikation, Zwei-Faktoren-Authentifizierung, Remote Administration der Endgeräte sowie flankierende organisatorische Richtlinien, wie beispielsweise zum Umgang mit Daten und Passwörtern in der Öffentlichkeit, sind unerlässlich. Im Fall der Zulassung von privaten Geräten in Firmennetzwerken sind ferner ergänzende rechtliche Aspekte zu berücksichtigen und besondere Datenschutzmaßnahmen zu ergreifen.

Secure Printing/Print on Demand
Mit der Flexibilisierung des Arbeitsorts und des Trends zum virtuellen kollaborativen Arbeitens entsteht de facto ein Zwang, das papierlose Büro einzuführen, papierhafte Ablagen aufzulösen oder diese zumindest signifikant zu reduzieren. Dessen ungeachtet sind flexible und sichere Printing-Lösungen für jene Unternehmensbereiche und Aufgaben gefragt, die nach wie vor die Papierform erfordern.

Um den sicheren Druck aus der Cloud zu ermöglichen, bietet sich u. a. *Secure Printing* beziehungsweise *Print on Demand* an. Hierbei verbindet sich das Endgerät des Mitarbeiters über eine geschützte Verbindung mit einem Print-Server im Unternehmen, der die Druckaufträge verschlüsselt ablegt und über ein gesichertes Netzwerk mit Multifunktionsgeräten, wie u. a. Druckern, verbunden ist. Sobald der mobile Büro-Mitarbeiter den Ausdruck benötigt, kann er diesen an einem beliebigen Drucker erhalten, nachdem er sich per Authentifizierungsmedium (z. B. Firmenausweis) am Gerät angemeldet hat.

Neben dem Vorteil, Dokumentensicherheit zu gewährleisten, erlaubt *Secure Printing* auch die Einsparung von Druckern und Druckgesamtkosten.

3.2   IKT-Lösungen für das Workplace-Management

Non-territoriale Arbeitsformen, wie in Kap. 2 beschrieben, sowie kollaboratives Arbeiten stellen erweiterte Anforderungen an das *Workplace Management* sowie an die Medienausstattung im Büro. Zu deren Bewältigung bieten sich zahlreiche technische Lösungen an, die sowohl betriebliche Abläufe effizienter gestalten als auch das Wohlbefinden der Beschäftigten steigern können.

Raumbuchung/Utilization Analysis
Für die Reservierung non-territorialer Arbeitsplätze oder die Buchung von Besprechungsräumen empfiehlt sich die Einführung Cloud-basierter und auf mobilen Endgeräten verfügbarer Ressourcen-Buchungssysteme. Zusätzlich bietet es sich an, elektronische Kioske am Eingang flexibler Arbeitsbereiche aufzustellen, um die aktuelle Belegung einzusehen, einen Arbeitsplatz zu buchen oder einen Kollegen zu lokalisieren. Komplexere Lösungsszenarien sehen vor, die Belegung eines Raums über Sensoren zu erfassen beziehungsweise den gewählten Arbeitsplatz oder die Nutzung des Besprechungsraums durch Scannen des am Schreib- oder Besprechungstisch aufgeklebten Barcodes zu bestätigen.

Ziel aller Lösungen ist es, sowohl Leerbelegungen, zum Beispiel aufgrund nicht konsequent genutzter Serienbuchungen von Räumen, zu verhindern als auch Daten zu Belegungsraten von Meeting-Zonen und Arbeitsplatzbereichen zu erhalten. Diese Statistiken, erstellt von sogenannten *Workplace Utilization Management Systemen,* geben Anhaltspunkte, inwieweit das aktuelle Bürolayout passend und die vorhandenen Kapazitäten ausreichend sind und wie das Raumkonzept von den Mitarbeitern angenommen wird. Beispielsweise lässt sich aufgrund vergangener Auslastungszahlen verbunden mit anstehenden Projekten im Unternehmen erkennen, ob Arbeitsplätze temporär zu einer Co-Location ausgelagert oder Meeting- und Rückzugsflächen in Arbeitsplätze umgestaltet werden sollten.

Indem bei der Arbeitsplatzreservierung beispielsweise angezeigt wird, wie viele Arbeitsplätze aktuell verfügbar sind und mit welcher Vakanz zu einem späteren Zeitpunkt zu rechnen ist (zum Beispiel „Gegen 09:00 Uhr werden voraussichtlich nur noch 10 Plätze zur Verfügung stehen"), erhalten Beschäftigte zudem Entscheidungshilfe, ob sie Tätigkeiten im Büro oder an einem anderen Ort erledigen sollten. Vermieden werden können auf diese Weise nicht zuletzt der Wettlauf um freie Arbeitsplätze und Frustrationen, falls sich kein freier Arbeitsplatz im Büro finden lässt.

Gebäude- und Raum-Automation

Eine Werbekampagne für die Einparkhilfe des Automobilherstellers Nissan lässt erkennen, dass die Digitalisierung auch bei klassischen Büromöbeln nicht Halt machen muss. In einem Werbespot fahren – auf Klatschen eines Mitarbeiters hin – im Besprechungsraum verteilte Bürostühle an den Besprechungstisch zurück, sodass der Besprechungsraum stets aufgeräumt wirkt (Eckl-Dorna 2016). Auch wenn Nissan in absehbarer Zeit keine selbstfahrenden Bürostühle anbieten dürfte, existieren bereits Ansätze, um das Büro auf Basis des Internets der Dinge (Internet of Things, IoT) „smart" zu gestalten. Hierzu gehören Sensoren, um Beleuchtung und Raumklima in Echtzeit zu steuern oder um automatisch die Höhe von Büro-Stuhl und -Tisch zu konfigurieren.

Beispiele

- Das Bürogebäude *The Edge* in Amsterdam verfügt über 40.000 eingebaute Sensoren. Mitarbeiter können dort per Smartphone-App die Raumhelligkeit sowie die Temperatur einstellen, das Parkhaustor öffnen und mithilfe der App zu dem durch sie zugewiesenen freien Arbeitsplatz navigieren (Plass-Fleßenkämper 2016). Anhand der Sensoren werden ferner Daten zum Nutzungsverhalten und zur Gebäudeinfrastruktur gesammelt. Durch die Auswertung der Daten lässt sich beispielsweise erkennen, welche Besprechungsräume sich besonderer Beliebtheit erfreuen, welche Kaffeeautomaten aufgefüllt werden müssen oder welche Toiletten durch das Reinigungspersonal prioritär zu reinigen sind.
- Bewegliche Bürotische von *Herman Miller* besitzen neben integrierten Ladeschalen zum kabellosen Aufladen von Smartphones Sensoren, die mit Raumnutzungssystemen zur Auslastungsanalyse verbunden sind und per App das Einstellen der Tischhöhe nach Nutzer-Bedürfnissen erlauben. Wenn ein Mitarbeiter einen der freien Tische mit flexibler Bewegungshöhe belegt, kann er durch Knopfdruck automatisch den Tisch in jene Höhe bringen, die in der App hinterlegt ist. Nach vordefinierten Bewegungszielen erinnert die App den Nutzer zudem, sich am Arbeitsplatz regelmäßig zu bewegen (Deahl 2017).

Der Einsatz von Robotern in Büroumgebungen ist im Gegensatz zum IoT-Trend gerade erst im Entstehen. Tätigkeitsbereiche von Robotern können u. a. sein, Besucher zu Besprechungsräumen zu führen, aufgrund ihrer regelmäßigen Fahrt durch Büroflure Umgebungen zu überwachen oder Störungen (z. B. Druckerstau) zu melden (Völler 2017).

Medienausstattung

Um agile Teamarbeit in Besprechungs- oder Kreativräumen bestmöglich zu unterstützen, empfiehlt sich der Einsatz von leicht in das Unternehmensnetzwerk einbindbarer Systeme, die auf Verkabelung weitgehend verzichten. *Clickshare* etwa ermöglicht per App oder per USB-Dongle am Notebook die kabellose Übertragung von Bildschirminhalten von jedem Endgerät aus. Ferner können digitale Whiteboards kreative Prozesse auch bei virtueller Zusammenarbeit unterstützen, indem Board-Anschriebe sofort digitalisiert und den Besprechungsteilnehmern zur Verfügung gestellt werden (beispielsweise in einem digitalen Notizbuch wie *Microsoft OneNote*).

Um Mitarbeiter auffällig mit Informationen zu versorgen, bietet sich zudem die Installation größerer Displays, etwa im Eingangsbereich, an. Durch Verwendung der *Signage*-Technologie lassen sich nicht zuletzt Displays im Büro nutzen, um biophile Bilder, wie Wasserfälle, Wälder oder Aquarien, in Besprechungs- und Büroräumen anzuzeigen und damit das Wohlbefinden am Arbeitsplatz zu steigern (Adams 2018).

Einen Schritt weiter gehen Ansätze, Glaswände sowohl als Raumtrenner als auch als Projektionsfläche zu verwenden. So integriert etwa *Likos* ein digitales Whiteboard in gläserne Raumtrenner, das sowohl als Sichtschutz als auch als Display fungieren kann und die Dateneingabe per Finger-Gestik erlaubt. Einen ähnlichen Weg geht *Bene* mit ihrem Produkt der *IdeaWall,* das die Wände zu einer multimedialen Innovationsfläche transformiert, an der Teams ihre Ideen gemeinsam erfassen und digital verteilen können.

3.3   IKT-Lösungen für die Kommunikation

Kommunikation als ein wesentliches Merkmal agiler Arbeitswelten sollte primär im persönlichen Kontakt erfolgen (Agile Alliance 2018). Soweit Teams jedoch virtuell zusammenarbeiten (müssen), sind IKT-Lösungen unerlässlich, um eine effiziente und reibungslose Zusammenarbeit zu ermöglichen. In Deutschland finden Besprechungen laut einer Studie zur Digitalisierung der Arbeitswelt (BITKOM 2015) bereits bei 44 % der befragten Unternehmen in Form von Telefonkonferenzen, bei acht Prozent als Videokonferenzen und bei drei Prozent in Form von Virtual-Reality-Konferenzen statt.

Stationäre Video-Konferenzsysteme

Die häufig in Besprechungsräumen vorhandenen Video-Konferenzsysteme erlauben zwar keinen persönlichen Kontakt. Dennoch unterstützen sie aufgrund der Möglichkeit, Mimik und Gestik der Gesprächsteilnehmer wahrzunehmen, eine effiziente Kommunikation und sind daher einer Telefonkonferenz vorzuziehen.

Mobile VoIP-/Chat-Systeme

In den vergangenen Jahren wurden in vielen Unternehmen die Kommunikations- mit den Rechnernetzwerken zusammengelegt, sodass die Abwicklung von Telefonaten (Voice-Over-IP) über die Daten-Netzwerk-Infrastruktur erfolgen kann. Auch wenn die Übertragung nicht immer der Qualität professioneller stationärer Systeme entspricht, hat der Einsatz von leicht bedienbaren Voice-Over-IP-Lösungen viele Vorteile für Mitarbeiter: Sie können jederzeit eine Videokonferenz direkt am Arbeitsplatz, vom Homeoffice oder von einer Co-Location aus starten, ohne dass eine Raumbuchung, der Weg zum Konferenzraum oder eine spezielle Einweisung in das System notwendig sind.

Systeme, wie *Skype for Business* oder *Slack,* bieten überdies eine Chat-Funktionalität, die es erlaubt, bilateral oder in einer Gruppe Informationen schnell und direkt auszutauschen. Je nach Konfiguration im Unternehmen wird die Konversation im E-Mail-System des Mitarbeiters zur Revision gespeichert.

Für die multilinguale Kommunikation sind bereits Add-Ons von *Microsoft* und *Google* erschienen (Dettweiler 2015), die in Echtzeit ein Telefonat oder eine Chat-Diskussion in eine andere Sprache übersetzen und somit helfen, Sprachbarrieren im Geschäftsalltag abzubauen.

Virtual Reality Büros

Um die Zusammenarbeit verteilter Teams sowie die Einbindung unternehmensexterner Experten in agile Projektarbeit zu erleichtern, bieten sich schließlich Plattformen an, wie etwa von *Sococo,* die ein Büro und die dazugehörige Kommunikation virtuell nachbilden. Nutzer sehen dabei auf ihrem Display einen Grundriss der Büro-Räume, in denen sich die weiteren Teammitglieder in Form von Avataren (mit Statusinformationen wie etwa „verfügbar") aufhalten. Durch Klick auf den Avatar lässt sich ein Chat oder ein Voice-Over-IP-Gespräch mit dem jeweiligen Teammitglied initiieren.

3.4   IKT-Lösungen für die Kollaboration

Neben der ortsungebundenen Kommunikation über IK-Technologien stehen für Zusammenarbeit und Wissenstransfer agiler Teams weitere Werkzeuge zur Verfügung, die unter Schlagworten wie *Collaboration Tool* oder *Social Intranet* in den letzten Jahren entwickelt wurden.

Collaboration Tools

Collaboration Tools umfassen eine Vielzahl an Funktionen für die Teaminteraktion und die Nutzung von Dokumenten, wie unter anderem

- Erstellung von Kompetenzprofilen von Teammitgliedern
- Dokumentenablage in gemeinsamen, vom Team verwalteten Bereichen. Hierzu gehören u. a. die Versionierung von Dokumenten, deren gemeinsame Bearbeitung als auch die Benachrichtigung bei Änderungen
- Indexierung der abgelegten Dokumente für die Suche nach Schlagwörtern
- Gemeinsame Teamkalender sowie Aufgaben- und Projektmanagement für die gemeinsame Planung, Überwachung und Abnahme von Aktivitäten
- News/Wikis/Blogs: Ähnlich wie in privaten sozialen Netzwerken, wie z. B. Facebook oder Twitter, können Nutzer Benachrichtigungen einstellen oder abonnieren, Informationen teilen, bewerten und kommentieren. Strukturierte Wiki-Seiten und Blogs dienen dabei als Container für Teamergebnisse

Neben Tools zur Kollaboration innerhalb der unternehmenseigenen IT-Umgebung, wie etwa *Sharepoint,* kommen zunehmend *Collaboration Spaces* als Cloud-Service auf den Markt, die von jedem Endgerät aus erreichbar sind. Häufig existieren für diese Tools zusätzlich leicht bedienbare Apps, die, installiert auf Tablet und Smartphone, die Arbeit unterstützen (Vollmer 2018). *Microsoft* stellt beispielsweise innerhalb der *Office365 Cloud* die Komponente *MS Teams* zur Verfügung, die langfristig Unternehmens-Applikationen, wie *Skype for Business* und *Sharepoint,* ersetzen soll. Da die Komponente auch Drittanbieter-Apps über eine einheitliche Oberfläche integrieren kann, eignet sich MS Teams als zentraler Hub für agile Teamarbeit in der Zukunft. Darüber hinaus werden bereits weitere in der Cloud angebotene Software-Plattformen weltweit genutzt, wie etwa *Bitrix24, Wrike, Basecamp* oder *Trello,* deren Funktionsumfang und Kompatibilität mit Drittanbieter-Systemen je nach Anbieter variiert.

Virtual Reality/Augmented Reality

In den vergangenen fünf Jahren ist die Entwicklung von Devices und Software zur Kombination von Virtualität und Realität (Mixed Reality) weit vorangeschritten. Mit Datenbrillen lassen sich Anwendungsszenarien, wie die Zusammenarbeit an neuen Produkten oder die Einschätzung von Unfallrisiken in Büroumgebungen, neu definieren. So setzt die *CitiGroup* beispielsweise *HoloLenses* von *Microsoft* ein, die es Aktienhändlern ermöglichen sollen, auf Wände projizierte Datenmengen zu strukturieren (Handelsblatt 2017). Auch lässt sich mit der Virtual Reality Brille *Oculus Rift* der Desktop eines Windows Rechners in einen virtuellen Raum verlagern, um beispielsweise in einer regenerativen Sequenz kurzfristig Abstand von der aktuellen Arbeitssituation zu gewinnen. Nicht zuletzt erlaubt das Produkt *HoloMeeting* von *Kazendi* verteilt arbeitenden und mit *HoloLenses* ausgestatteten Teammitgliedern, virtuelle Meetings als quasi reale Treffen wahrzunehmen. Die dislozierten Teilnehmer werden dabei entweder als Avatare oder, sofern vorhanden, als 3D Scan eingeblendet. Voraussetzung für derartige Szenarien sind allerdings sehr hohe Internetbandbreiten, um die Bilder „ruckelfrei" zu übertragen.

Zur Etablierung moderner, mobiler Arbeitsplätze ist die IT die Schlüsseltechnologie. Aufgrund der exponentiell voranschreitenden Digitalisierung ist davon auszugehen, dass in den kommenden Jahren weitere Technologien zur Unterstützung agilen Arbeitens auf den Markt kommen. Angesichts der Vielzahl an technologischen Lösungsansätzen ist aus IT-Perspektive eine klare Stoßrichtung bei der Büro-Modernisierung zwingend erforderlich. Dies verlangt, wie eingangs skizziert, die Workplace-Modernisierung im Kontext einer übergreifenden IT-Strategie durchzuführen, die nicht auf einzelne isolierte Lösungen setzt, sondern eine umfassende Neuausrichtung der technologischen Basis im Unternehmen verfolgt.

Arbeitsrechtliche Rahmenbedingungen innovativer Arbeitswelten

4

von Artur Kühnel

Gestaltung und Umsetzung innovativer Büro-Landschaften im Zusammenhang mit der u. a. unter den Schlagworten Arbeit 4.0 bzw. Industrie 4.0 diskutierten Digitalisierung der Arbeitswelt sind mit diversen arbeitsrechtlichen Fragestellungen verbunden.

Im Ausgangspunkt gilt zunächst Folgendes: Der Arbeitgeber hat die unternehmerische Freiheit, Büroräume so einzurichten und auszustatten, wie er aus seiner Sicht die arbeitstechnischen Zwecke am besten verfolgen kann (Günther und Böglmüller 2017). Die grundlegende unternehmerische Entscheidung über die Wahl des Bürokonzepts und der zu nutzenden Arbeitsmittel ist also eine freie unternehmerische Entscheidung, deren Zweckmäßigkeit von den Beschäftigten und den Arbeitsgerichten grundsätzlich zu akzeptieren ist (Günther und Böglmüller 2017; Stück 2018; Oltmanns und Fuhlrott 2018; ArbG Mönchengladbach vom 23.10.2003, 4 BV 174/03).

Bei der Umsetzung seiner Entscheidung muss der Arbeitgeber aber gewisse Grenzen bzw. Vorgaben und ggf. auch Verfahrensweisen beachten. Insbesondere ist hier an das Weisungsrecht gegenüber den Beschäftigten und an etwaige, dieses Weisungsrecht einschränkende Vorgaben zu denken (insbesondere in getroffenen Vereinbarungen, z. B. vertragliche Zusage eines eigenen Einzelbüros). Vor allem sind aber arbeitsschutzrechtliche Bestimmungen, insbesondere die Arbeitsstättenverordnung, und – soweit ein Betriebsrat vorhanden ist – dessen Beteiligungsrechte zu berücksichtigen (Stück 2018). Wie in vielen anderen Fällen, wird es daher nicht genügen, nur eine oder mehrere Fachabteilungen (z. B. IT, Facility Management) mit der Umsetzung neuer Bürowelten zu betrauen. Vielmehr sollten die Personalabteilung, die jeweiligen Führungskräfte und die Mitarbeiter sowie

© Springer Fachmedien Wiesbaden GmbH, ein Teil von Springer Nature 2019
M. Klaffke, *Gestaltung agiler Arbeitswelten, essentials,*
https://doi.org/10.1007/978-3-658-24864-2_4

bei Bedarf ergänzend externer arbeitsrechtlicher Sachverstand eingebunden werden (Günther und Böglmüller 2017).

4.1 Weisungsrecht des Arbeitgebers

Die Art und Weise bzw. der Inhalt wie auch der Ort der Arbeitsleistung unterliegen dem Weisungsrecht des Arbeitgebers (§ 106 S. 1 GewO). Diese Umstände der Leistungserbringung können vom Arbeitgeber – vorbehaltlich einer anderweitigen Festlegung (insbesondere durch Arbeitsvertrag) – einseitig im Rahmen sogenannten billigen Ermessens, also unter Abwägung der beiderseitigen Interessen, vorgegeben werden. Diesem entgegenstehende und zudem hinreichend gewichtige Interessen des Arbeitnehmers, die sich gegenüber dem Arbeitgeberinteresse durchsetzen könnten, werden nur ausnahmsweise und nur im Einzelfall vorliegen. Regelmäßig wird sich hier vielmehr das Arbeitgeberinteresse durchsetzen. Zu einem gegenteiligen Ergebnis wird man ausnahmsweise gelangen können, wenn etwa Gründe in der Person (z. B. Gesundheit, Behinderung) für die Zuweisung eines „festen" Schreibtisches sprechen (Oltmanns und Fuhlrott 2018).

Danach hat ein Arbeitnehmer – vorbehaltlich anderweitiger konkreter Vereinbarungen – keinen individuellen Anspruch auf einen bestimmten Arbeitsplatz/ Schreibtisch und auch nicht darauf, bestimmte Arbeitsmittel (ggf. sogar exklusiv) zur Verfügung gestellt zu bekommen (Stück 2018).

> **Beispiele**
> - Nach einer Entscheidung des LAG Düsseldorf (vom 09.01.2018, 3 TaBVGa 6/17) hat der Arbeitnehmer bei entsprechendem Bürokonzept (konkret: Desk Sharing) die Pflicht, sich in einer sogenannten Teamzone einen freien Arbeitsplatz zu suchen oder bei vollständiger Belegung durch den Vorgesetzten zuweisen zu lassen.
> - Nach einer Entscheidung des LAG Rheinland-Pfalz (vom 18.12.2014, 5 Sa 378/14) steht Arbeitnehmern zudem selbst bei Vorliegen entsprechender arbeitnehmerseitiger Interessen (z. B. familienbezogene Belange) kein Anspruch auf Versetzung an einen anderen Arbeitsort oder auf Homeoffice-Nutzung zu. Zum wesentlichen Inhalt der freien unternehmerischen Entscheidung gehöre die Gestaltungsfreiheit bezüglich der betrieblichen Organisation. Sie umfasse auch die Festlegung, an welchem Standort welche arbeitstechnischen Ziele verfolgt würden.

Das Weisungsrecht kann aber vor allem durch gesetzliche Vorgaben eingeschränkt sein. Hierzu zählen insbesondere die bereits genannten arbeitsschutzrechtlichen Bestimmungen (Abschn. 4.2) und Beteiligungsrechte des Betriebsrats (Abschn. 4.3).

Hinzu kommt noch der Umstand, dass im digitalen Arbeitsleben zunehmend sich selbst organisierende Teams eingesetzt werden. Arbeitgeber „verzichten" zu diesem Zweck gegenüber den Team-Mitgliedern mehr oder weniger weitgehend (zumindest zeitweilig) auf die Ausübung des Weisungsrechts hinsichtlich gewisser Umstände der Leistungserbringung, vor allem betreffend Ort und Zeit („Wann") der Arbeitsleistung, und setzen hier auf die Eigenverantwortung der Arbeitnehmer. Aus Arbeitgebersicht ist darauf zu achten, dass ein solcher Verzicht nicht dauerhaft verstanden und erst recht nicht arbeitsvertraglich zugesichert wird. Der Arbeitgeber muss jederzeit die Möglichkeit haben, wieder fachliche Weisungen zu erteilen, z. B. weil er aus Haftungsgründen in Arbeitsprozesse eingreifen können muss. Auch kann er ggf. rechtlich oder zumindest faktisch zum Ergreifen personeller Maßnahmen und damit zur Ausübung seines disziplinarischen Weisungsrechts gezwungen sein (Günther und Böglmüller 2017). Daran ist z. B. bei Compliance-Verstößen oder festgestellten Verstößen gegen die Diskriminierungsverbote des AGG (Handlungspflichten in § 12 Abs. 3 AGG) zu denken.

4.2   Vorgaben des Arbeitsschutzes

Bei der Umsetzung moderner Bürokonzepte müssen Vorgaben des Arbeitsschutzes eingehalten werden. Dabei sind insbesondere die Vorschriften der Arbeitsstättenverordnung (ArbStättV) zu beachten, in die mit Neufassung im Jahr 2016 die frühere Bildschirmarbeitsverordnung integriert wurde. Gemäß § 3a Abs. 1 ArbStättV hat der Arbeitgeber dafür zu sorgen, dass Arbeitsstätten so eingerichtet und betrieben werden, dass Gefährdungen für die Sicherheit und die Gesundheit der Beschäftigten möglichst vermieden und verbleibende Gefährdungen möglichst gering gehalten werden. Zu den Arbeitsstätten gehören auch Waschräume, Toiletten, Pausenräume und Verkehrswege innerhalb der Arbeitsstätte.

Der Arbeitgeber hat bei der Gestaltung von Büros den Stand der Technik und die vom Bundesministerium für Arbeit und Soziales bekannt gemachten Technischen Regeln für Arbeitsstätten (ASR) zu berücksichtigen, die die Anforderungen der Arbeitsstättenverordnung konkretisieren. Diese Regeln enthalten zum Beispiel

Vorgaben zur Größe der Räume, zu deren Ausstattung, zur Bewegungsfläche, zur Anordnung der Arbeitsplätze, zur Belüftung, zur Raumtemperatur, zur Beleuchtung und zum Lärmschutz (BAuA 2018).

Hält sich der Arbeitgeber an diese Regeln, wird vermutet, dass er gesetzeskonform handelt. Hält er hingegen diese Regeln nicht ein, muss er durch andere Maßnahmen die gleiche Sicherheit und den gleichen Gesundheitsschutz erreichen und dies im Einzelfall nachweisen.

Nach § 5 ArbSchG, § 3 ArbStättV ist der Arbeitgeber insbesondere verpflichtet, eine Gefährdungsbeurteilung der Arbeitsplätze, also auch derer bei Desk-Sharing durchzuführen, z. B. zur Ermittlung eines bisweilen diskutierten psychischen Stresses für den Arbeitnehmer durch die täglich neue Arbeitsplatzsuche bei Desk-Sharing-Arbeitsplätzen (Oltmanns und Fuhlrott 2018). Die gemeinsame Nutzung von Tastaturen oder Mäusen beim Desk-Sharing stellt ohne hinzutretende besondere Umstände wohl keine besondere Gesundheitsgefahr dar, da eine gemeinschaftliche Nutzung von Betriebsmitteln kein besonderes Gefährdungskriterium des Desk-Sharings ist und auch „Türgriffe, Aufzugknöpfe, Schreibtische, Kopiergeräte, Sanitäranlagen usw. naturgemäß nicht exklusiv, sondern von verschiedenen Mitarbeitern berührt bzw. genutzt" werden (Oltmanns und Fuhlrott 2018; ArbG Düsseldorf vom 19.10.2017, 7 BVGa 17/17, insoweit bestätigt durch LAG Düsseldorf vom 09.01.2018, 3 TaBVGa 6/17).

4.3   Beteiligungsrechte des Betriebsrats

In Betrieben mit Betriebsrat werden bei der Gestaltung und Einführung moderner Bürokonzepte bzw. agiler Arbeitswelten regelmäßig unterschiedliche Beteiligungsrechte des Betriebsrats zu beachten sein. Ob und welche Beteiligungsrechte zu beachten sind, hängt vom konkreten Sachverhalt ab.

Je nach Thema bestehen unterschiedlich intensive Beteiligungsrechte des Betriebsrats. Man unterscheidet zwischen sogenannten Mitwirkungsrechten und sogenannten Mitbestimmungsrechten. Bei den Mitwirkungsrechten (Unterrichtungs-, Anhörungs- und Beratungsrechte) muss der Arbeitgeber das jeweils gesetzlich vorgegebene Verfahren einhalten, hat aber letztlich das Letztentscheidungsrecht darüber, ob und wie er die jeweilige Maßnahme durchführt. Bei den Mitbestimmungsrechten hingegen (Zustimmungs- bzw. Zustimmungsverweigerungsrecht gemäß § 99 BetrVG sowie vor allem die sogenannte echte Mitbestimmung, insbesondere gemäß § 87 BetrVG) kann der Arbeitgeber grundsätzlich nur im Einvernehmen mit dem Betriebsrat handeln. Ist Einigung nicht möglich, muss der Arbeitgeber je nach Beteiligungsrecht das Arbeitsgericht anrufen (so etwa § 99 Abs.4 BetrVG) oder aber die Einigung mit dem Betriebsrat durch Spruch der sogenannten Einigungsstelle (siehe §§ 76 f. BetrVG) ersetzen lassen (so bei der echten Mitbestimmung). Für die echte Mitbestimmung gilt dabei Folgendes: Kommt eine Einigung zwischen Arbeitgeber und Betriebsrat nicht zustande, so entscheidet die Einigungsstelle, deren Spruch die Einigung verbindlich ersetzt. Die Umsetzung ist erst nach Einigung bzw. nach Einigungsstellenspruch zulässig. Bei Umsetzung ohne Einigung oder Einigungsstellenspruch kann der Betriebsrat regelmäßig Unterlassung verlangen und dies auch im Wege einer einstweiligen Verfügung geltend machen.

Gleichwohl nicht abschließend, gibt die Übersicht in Tab. 1.1 Orientierung im Hinblick auf die vom Arbeitgeber zu beachtenden Beteiligungsrechte (Stück 2018; Günther und Böglmüller 2017; Oltmanns und Fuhlrott 2018).

Vor dem Hintergrund der danach in Betracht kommenden diversen Beteiligungsrechte empfiehlt es sich, die Arbeitnehmervertretung frühzeitig einzubinden und Einzelheiten in einer (ggf. auch nur teilmitbestimmten und teils freiwilligen) Betriebsvereinbarung zu regeln (Stück 2018; Günther und Böglmüller 2017).[1] Diese umfassen beispielsweise Regelungen zu folgenden Aspekten: verfolgte Ziele, Definitionen (insbes. der zweckgebundenen Flächen bzw. Arbeitsplätze), Zuordnung der Arbeitsplätze bzw. Regeln über das Buchen und Nutzen sowie Hinterlassen von Arbeitsplätzen, Konfliktmanagement, technische Ausstattung, Datenschutzregeln bzw. Regelung zur Leistungs- und Verhaltenskontrolle der Arbeitnehmer.

Eine frühzeitige Einbindung des Betriebsrats bedeutet, dass der Arbeitgeber den Betriebsrat zu einem Zeitpunkt beteiligen sollte, der so rechtzeitig vor der gewünschten Umsetzung der jeweiligen Maßnahme terminiert wird, dass die Beteiligung des Betriebsrats auch im etwaigen Konfliktfall (z. B. nötiges Einigungsstellenverfahren) noch möglich ist, ohne dass sich die Umsetzung der jeweiligen Maßnahme verzögert.

---

[1]Ein Beispiel für ein mit dem Betriebsrat vereinbartes Arbeitsplatz- und Raumkonzept findet sich bei Bell und Fuchs (2018), Muster 5.

Tab. 1.1 Beteiligungsrechte des Betriebsrats

Sachverhalt	Norm	Beteiligungsrechte
Einführung des modernen Bürokonzepts ist mit nicht unerheblichen Investitionen und/oder auch neuen Arbeitsmethoden verbunden	§ 106 BetrVG	Unterrichtung eines bestehenden Wirtschaftsausschusses und Beratung mit ihm
Planung von Arbeitsplätzen inkl. der Frage, ob etwa Einzel- oder Großraumbüros eingerichtet werden und wie die Einrichtung erfolgt, also z. B. Größe, Anzahl der Arbeitsplätze, Konzept, Layout, Maßnahmen zum Lärm- und Klimaschutz	§ 90 BetrVG	Unterrichtung des Betriebsrats unter Vorlage der erforderlichen Unterlagen und Beratung mit ihm
Arbeitnehmer werden durch Änderungen der Arbeitsplätze, des Arbeitsablaufs oder der Arbeitsumgebung, die den gesicherten arbeitswissenschaftlichen Erkenntnissen über die menschengerechte Gestaltung der Arbeit offensichtlich widersprechen, in besonderer Weise belastet	§ 91 BetrVG	Betriebsrat kann angemessene Maßnahmen zur Abwendung, Milderung oder zum Ausgleich der Belastung verlangen. Kommt eine Einigung nicht zustande, so entscheidet die Einigungsstelle, deren Spruch die Einigung verbindlich ersetzt
Intensive (bauliche) Veränderungen im Zuge der Einführung des modernen Bürokonzepts, die erhebliche Teile der Belegschaft betreffen, können ggf. dazu führen, dass es sich um grundlegend neue Betriebsanlagen und/oder Arbeitsmethoden handelt (Vorliegen einer Betriebsänderung)	§§ 111–113 BetrVG	Unterrichtung des Betriebsrats und Beratung mit ihm sowie regelmäßig Pflicht zum Versuch eines Interessenausgleichs. Unter besonderen Umständen ggf. Pflicht zum Abschluss eines Sozialplans, falls überhaupt wirtschaftliche Nachteile in Betracht kommen. Ggf. auch Pflicht zur Unterlassung der Umsetzung vor (gescheitertem) Versuch eines Interessenausgleichs

(Fortsetzung)

Tab. 1.1 (Fortsetzung)

Sachverhalt	Norm	Beteiligungsrechte
Mit der Einführung des modernen Bürokonzepts eingeführte Nutzungs-/Verhaltensregeln, wie z. B. die Grundsatzentscheidung des Arbeitgebers, die Arbeitsplätze nicht mehr individuell zuzuordnen, die damit verbunden ist, dass die Mitarbeiter sich einen freien Arbeitsplatz suchen müssen (Desk Sharing)	§ 87 Abs. 1 Nr. 1 BetrVG	Je nach konkreten Einzelfallumständen zu beurteilen und teilweise auch umstritten, ob und wann dies mitbestimmungspflichtig ist.[a] Wenn und soweit die Mitbestimmungspflicht bejaht wird, gilt: Einführung und Änderung erfordert zwingend eine Einigung mit dem Betriebsrat. Es handelt sich um sogenannte echte Mitbestimmung
Mit der Einführung des modernen Bürokonzepts ist eine Veränderung (insbesondere Flexibilisierung) des bisherigen betrieblichen Arbeitszeitmodells verbunden	§ 87 Abs. 1 Nr. 2 (ggf. auch Nr. 3) BetrVG	Änderung des Arbeitszeitmodells erfordert zwingend eine Einigung mit dem Betriebsrat. Es handelt sich um sogenannte echte Mitbestimmung
Im Rahmen der Einführung des modernen Bürokonzepts werden Arbeitsplätze mit neuen technischen Einrichtungen ausgestattet, die an sich geeignet sind, Leistung und Verhalten der Arbeitnehmer zu überwachen. Die subjektive Absicht zur Überwachung ist irrelevant *Beispiele:* • *IT-gestütztes Buchungs-/Reservierungssystem beim Desk Sharing* • *Biometrie-Scans erkennen Nutzer und passen Tischhöhe, Lichtverhältnisse etc. automatisch an* • *Nutzungspflicht eines Gruppenkalenders in Outlook (LAG Nürnberg vom 21.02.2017, 7 Sa 441/16)*	§ 87 Abs. 1 Nr. 6 BetrVG	Einführung und Änderung der technischen Einrichtung erfordert zwingend eine Einigung mit dem Betriebsrat. Es handelt sich um sogenannte. echte Mitbestimmung

(Fortsetzung)

Tab. 1.1 (Fortsetzung)

Sachverhalt	Norm	Beteiligungsrechte
Fragen des Arbeitsschutzes im Rahmen der Einführung des modernen Bürokonzepts, soweit gesetzliche Rahmenvorschriften (inkl. der Unfallverhütungsvorschriften) auszufüllen sind, also ein Handlungsspielraum des Arbeitgebers besteht, z. B. bei den Vorgaben der Arbeitsstättenverordnung	§ 87 Abs. 1 Nr. 7 BetrVG	Das Mitbestimmungsrecht knüpft an das Vorliegen von Gefährdungen an, die entweder feststehen oder im Rahmen einer Gefährdungsbeurteilung (§ 3 ArbStättV i. V. m. § 5 ArbSchG) festzustellen sind (BAG vom 18.07.2017, 1 ABR 59/15). Die jeweilige Maßnahme erfordert zwingend eine Einigung mit dem Betriebsrat. Es handelt sich um sogenannte echte Mitbestimmung
Mit der der Einführung des modernen Bürokonzepts, etwa bei einer Umstellung von Einzel- auf Gruppenbüros wird zugleich auch Gruppenarbeit dergestalt eingeführt, dass mehrere Beschäftigte eine ihnen übertragene Gesamtaufgabe im Wesentlichen eigenverantwortlich erledigen	§ 87 Abs. 1 Nr. 13 BetrVG	Die Grundsätze über die Durchführung der Gruppenarbeit erfordern zwingend eine Einigung mit dem Betriebsrat. Es handelt sich um sogenannte echte Mitbestimmung
Durchführung einer Befragung der Belegschaft, um sie im Rahmen der Einführung des modernen Bürokonzepts einzubinden, etwa durch einen Erhebungsbogen zwecks Durchführung einer Organisationsuntersuchung zur Bürokommunikation und Systemplanung, der von den Arbeitnehmern die Beantwortung auch personenbezogener Fragen, z. B. nach ihren Vorstellungen zur Bürokommunikation, verlangt. Entscheidend ist hierbei der Inhalt der Fragen, nicht der mit der Erhebung verfolgte Zweck (Fitting et al. 2018, § 94 Rn. 7)	§ 94 Abs. 1 BetrVG	Die Durchführung einer mitbestimmungspflichtigen Befragung erfordert zwingend eine Einigung mit dem Betriebsrat. Es handelt sich um sogenannte echte Mitbestimmung. Bei Durchführung einer mitbestimmungspflichtigen Befragung ohne Zustimmung des Betriebsrats oder Spruch der Einigungsstelle kommen Unterlassungs- und auch Beseitigungsansprüche nach § 23 Abs. 3 BetrVG in Betracht

(Fortsetzung)

Tab. 1.1 (Fortsetzung)

Sachverhalt	Norm	Beteiligungsrechte
Vom Arbeitgeber im Rahmen der Einführung des modernen Bürokonzepts veranlasste Änderungen des Arbeitsbereichs können unter Umständen Versetzungen sein (in Unternehmen mit in der Regel mehr als 20 wahlberechtigten Arbeitnehmern) *Beispiel:* *Ein Sachbearbeiter, der persönlichen Kontakt mit den Kunden (Versicherten) hat und in einem kundengerecht eingerichteten Büro mit nur zwei Arbeitsplätzen arbeitet, muss seinen Schreibtisch mit einem Sachbearbeiter tauschen, der nur telefonischen oder schriftlichen Kundenkontakt hat und in einem Raum mit weiteren drei oder vier Kollegen sitzt. Hier hat sich für beide Arbeitnehmer das Gesamtbild ihrer Tätigkeit erheblich geändert (BAG vom 13.05.1997 – 1 ABR 82/96)*	§§ 99, 95 Abs. 3 BetrVG	Unterrichtung des Betriebsrats unter Vorlage von Unterlagen und Einholung der Zustimmung des Betriebsrats oder arbeitsgerichtliche Ersetzung der Zustimmung. Ggf. vorläufige Umsetzung gemäß § 100 Abs. 1, 2 BetrVG möglich. Bei Umsetzung ohne ordnungsgemäße Beteiligung nach §§ 99, 100 BetrVG kann Betriebsrat die Aufhebung der Maßnahme beim Arbeitsgericht beantragen (§ 101 BetrVG)

[a]Dafür: ArbG Frankfurt a. M. vom 08.01.2003, 2 BVGa 587/02, in Bezug darauf, dass die Durchführung der Maßnahme eine Koordinierung der Interessen von am Desk-Sharing teilnehmenden Rauchern und Nichtrauchern notwendig macht; dagegen: LAG Düsseldorf vom 09.01.2018, 3 TaBVGa 6/17: Entscheidung stehe in untrennbarem Zusammenhang mit der Erbringung der Arbeitsleistung und sei Voraussetzung für deren ordnungsgemäße Erbringung, sodass sie nicht dem mitbestimmten Ordnungsverhalten zuzuordnen sei.

4.4 Sonstige rechtliche Rahmenbedingungen

Die Einführung und Gestaltung neuer Arbeitswelten berührt ferner regelmäßig auch noch weitere Rechtsnormen, wenn man berücksichtigt, dass eine neue Arbeitswelt nicht allein durch das Büro entsteht, sondern auch Rahmenbedingungen braucht. So sind hier lediglich beispielsweise zu nennen:[2]

---

[2]Vgl. hierzu im Einzelnen Oltmanns und Fuhlrott (2018) und Günther und Böglmüller (2017).

- Einhaltung der Vorgaben des öffentlich-rechtlichen Arbeitszeitrechts (insbes. ArbZG) etwa zu Höchstarbeitszeiten, Pausen und Ruhezeiten
- Organisation der Ausstattung mit den notwenigen technischen Geräten und die Regelung von deren Nutzung (etwa hinsichtlich etwaiger Privatnutzung),
- neue Führungsansätze,
- datenschutzrechtliche Vorgaben inklusive auch der Datensicherheit, insbesondere bei beabsichtigter Überwachung der Arbeitnehmer.

Die Entscheidung des Arbeitgebers über die Wahl des Bürokonzepts und der zu nutzenden Arbeitsmittel inkl. also der Entscheidung darüber, die Büroräume so einzurichten und auszustatten, wie aus Sicht des Arbeitgebers die arbeitstechnischen Zwecke verfolgt werden sollen, ist eine freie unternehmerische Entscheidung, deren Zweckmäßigkeit von den Beschäftigten und den Arbeitsgerichten grundsätzlich hinzunehmen ist.

Bei der Umsetzung dieser Entscheidung muss der Arbeitgeber aber Grenzen, Vorgaben und ggf. Verfahrensweisen beachten. Dabei ist der Arbeitgeber im Hinblick auf sein Weisungsrecht gegenüber den Beschäftigten im Regelfall nicht übermäßig eingeschränkt. Allerdings hat er arbeitsschutzrechtliche Bestimmungen (insbesondere die Arbeitsstättenverordnung) und – soweit ein Betriebsrat vorhanden ist – dessen Beteiligungsrechte zu berücksichtigen. Ein vorhandener Betriebsrat sollte frühzeitig eingebunden werden.

Fallstudie – Lufthansa New Workspace 5

von Jürgen Preute

Globaler Wettbewerb, Digitalisierung, demografischer Wandel und zunehmende Mobilität stellen die Deutsche Lufthansa AG vor neue Herausforderungen. Die Fallstudie zeigt am Beispiel New Workspace (NWS), wie die Lufthansa (LH) Group mit der Gestaltung ihrer Arbeits- und Bürowelt auf veränderte Rahmenbedingungen reagiert, welche Erfahrungen mit dem neuen Konzept bisher gemacht wurden und wie die weitere Entwicklung aussehen kann.

5.1 Hintergrund und Zielsetzung

Die Lufthansa Group ist ein weltweit operierender Luftverkehrskonzern mit ca. 130.000 Mitarbeitern und einem Jahresumsatz von 35 Mrd. EUR. Ziel der Lufthansa Group ist es, bei Aktionären, Kunden, Mitarbeitern und Partnern erste Wahl im Bereich Luftfahrt zu sein und auch zukünftig den globalen Aviation-Markt wesentlich mitzugestalten. Vor diesem Hintergrund ist die Strategie auf die konsequente Weiterentwicklung der Unternehmensgruppe, basierend auf den drei Säulen Network Airlines, Point-to-Point Airlines und Aviation Services, ausgerichtet.

Die Airline Branche befindet sich im Wandel. Sich verändernde Wertschöpfungsketten, differenziertere Kundenerwartungen und dynamischere globale politische Rahmenbedingungen erfordern hohe Agilität und flexible Kostenstrukturen. Die Themen Konsolidierung, Flexibilisierung und Digitalisierung gelten als maßgebliche Werttreiber der Wertschöpfungskette im Luftverkehr.

Der exponentielle technologische Fortschritt und die dynamische Wettbewerbslandschaft in der Aviation-Industrie stellen hohe Anforderungen an ein erfolgreiches

© Springer Fachmedien Wiesbaden GmbH, ein Teil von Springer Nature 2019 39
M. Klaffke, *Gestaltung agiler Arbeitswelten*, essentials,
https://doi.org/10.1007/978-3-658-24864-2_5

Projektmanagement innerhalb der Lufthansa Group. Mehrjährige Planungen werden durch sich beinahe monatlich verändernde Rahmenbedingungen unterlaufen. Deshalb wird die Fähigkeit, Projektideen trotz der stetig zunehmenden Komplexität zu realisieren, immer wichtiger. Bei der Lufthansa Group werden Projekt- und Teamarbeit mehr und mehr der Normalfall. Dabei gewinnen interdisziplinäre, bereichs- aber auch Unternehmensgrenzen übergreifende Teams an Bedeutung. So erlauben zum Beispiel die Vereinheitlichung von Flottenspezifikationen und die zentrale Steuerung von Netzwerken und Umsätzen der Network Airlines eine deutliche Verbesserung der Flexibilität und die Nutzung von Synergien.

Die LH Group entwickelt permanent innovative Konzepte, um die erforderliche Agilität zu erreichen. Das Programm NWS als ganzheitliches Arbeitskonzept ist ein Teil davon. Im Jahr 2012 wurde der Konzeptansatz zunächst mit der Zielsetzung einer signifikanten Kostenoptimierung im administrativen Bereich entwickelt. Anschließend wurde NWS über ein Jahr mit 120 Kollegen und Kolleginnen aus den Fachbereichen Personal und Konzerncontrolling auf zwei Pilotflächen im Lufthansa Aviation Center in Frankfurt/Main getestet und evaluiert. In dieser Phase hat sich das Konzept New Workspace aus einem ursprünglich vorwiegend Arbeitsplatz- und Flächenkonzept zu einem Konzept des Kulturwandels mit einem ganzheitlichen Ansatz entwickelt. Auf Basis der positiven Ergebnisse der Pilotierung stimmte der Konzernvorstand einem Rollout für das gesamte Lufthansa Aviation Center (LAC) mit ca. 2400 Personen zur Erprobung der Praxistauglichkeit zu. 2016 wurde die Implementierung im LAC erfolgreich abgeschlossen und NWS als führendes Arbeitskonzept in den administrativen Bereichen bestätigt. Seit 2017 erfolgen weitere Rollouts mit dem Ziel, bis 2022 NWS im Großteil der Verwaltungseinheiten der Lufthansa Group einzuführen.

5.2   Konzeptioneller Ansatz

Als eines der großen Veränderungsprojekte unterstützt das Konzept die neue Führungs- und Arbeitskultur in der LH Group und stellt die für virtuelles und multilokales Arbeiten erforderlichen Arbeitsumgebungen bereit (Abb. 5.1). NWS verbindet Kultur- und Raumentwicklung in einem integrativen Prozess und unterstützt den Wandel von einer Präsenz- hin zu einer Vertrauenskultur und einem leistungsorientierten Führungsverständnis. Die Veränderung der Arbeitsumgebung beschleunigt den gewünschten Kulturwandel. Als ganzheitlicher Lösungsansatz basiert das Konzept auf dem Zusammenspiel von Mensch, Technologie und Raum zur Förderung von mobilem und flexiblem Arbeiten. Es verbindet

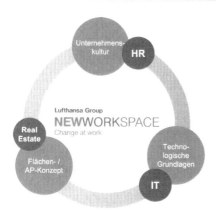

Arbeitskultur

- Vertrauenskultur
- neues Führungsverständnis
- multilokales und flexibles Arbeiten
- Work-Life-Balance

Arbeitsumgebung

- aktive Nutzereinbindung
- aktivitätsorientierte Arbeitsumgebung
- flexible und qualitätsvolle Ausstattung
- mobilitätsunterstützende IT

Abb. 5.1 Philosophie Lufthansa New Workspace. (Quelle: Lufthansa)

Aspekte aus den Bereichen Human Resources (HR), Informationstechnologie (IT) und Real Estate Management (REM) und geht somit über traditionelle Ansätze der Bürokonzeption hinaus.

NWS ist in der Grundkonzeption dynamisch angelegt, sodass alle Funktionsbereiche einer Administration das Konzept umsetzen können. Es wird verhindert, dass im Rahmen der Implementierung Ausnahmen (z. B. für Juristen) gemacht werden müssen. Denn die Erfahrung zeigt, dass Ausnahmen in großen Organisationen über kurz oder lang das Konzept beschädigen bzw. es ganz scheitern lassen. Wichtig ist auch, dass die relevanten Fachbereiche HR, IT und REM von Beginn an gemeinsam für die Entwicklung und Umsetzung verantwortlich sind.

Nicht zuletzt wurden auch die relevanten Mitbestimmungsgremien von Beginn an eingebunden. Eine Arbeitsgruppe des Frankfurter Betriebsrates begleitete alle Phasen von der Konzeptentwicklung bis zum Rollout im LAC.

Wesentlicher Erfolgsfaktor von NWS ist die aktive Mitarbeiterbeteiligung. Die Nutzer sind bereits in den Planungsprozess eingebunden und haben direkten Einfluss auf Layout und Spielregeln ihrer zukünftigen Bürowelt. Die hieraus resultierende Identifikation und Akzeptanz schaffen die Grundlage für eine erfolgreiche und vor allem nachhaltige Implementierung von NWS. Nicht zuletzt zeigt die hohe Beteiligungsquote an Workshops und Umfragen, dass die enge Einbindung von den Mitarbeitern positiv aufgenommen wird. Somit leistet NWS auch einen wichtigen Beitrag zur Erhöhung der Mitarbeiterzufriedenheit.

5.3   Kernelemente

Desk-Sharing ist bei NWS der Transformator, um mobiles Arbeiten unter strikter Beachtung von Wirtschaftlichkeitsanforderungen umzusetzen. Zusammen mit der hierfür erforderlichen Clean Desk Policy ist es konzeptionelle Grundvoraussetzung und sieht eine durchschnittliche Sharing-Ratio von 0,7 vor, d. h. für zehn Mitarbeiter werden sieben Standardarbeitsplätze vorgehalten.

Ferner ist Remote Working, d. h. die Nutzung des Homeoffices, explizit gewollter Bestandteil des Konzeptes. Dabei dient das Angebot, von zu Hause aus arbeiten zu können, vornehmlich der Steigerung der Work-Life-Integration. Die Ausgestaltung erfolgt individuell in Absprache zwischen Führungskraft und Mitarbeiter.

NWS stellt bisherige Arbeitsweisen infrage. Agiles Arbeiten erfordert Anpassungen sowohl bei der kollegialen Zusammenarbeit zwischen Beschäftigten als auch im Miteinander von Führungskräften und Mitarbeitern. Erwartungsgemäß erzeugen derartige Veränderungen unterschiedlichste Meinungen und Emotionen, die es während der Umstellung zu managen gilt. Deshalb ist die Einführung von NWS mit einem intensiven Veränderungsprozess verbunden und wird durch ein umfängliches Change Management ganzheitlich begleitet, das vor allem auf die Einbindung der Beschäftigten setzt.

Für Führungskräfte bedeutet NWS eine Abkehr von der Präsenzkultur hin zu einer Kultur des Vertrauens, in der Führen mit Zielen und Eigenverantwortung im Vordergrund stehen. Dies erfordert eine konsequente Fokussierung auf Ergebnisse und Methodenkompetenz für virtuelles Führen. Darüber hinaus setzt das Konzept eine Intensivierung der Teamkommunikation voraus. Führungskräfte müssen zudem eigene Werthaltungen überdenken und vereinzelt auf lieb gewonnene Privilegien, wie z. B. Einzelbüros, verzichten.

Für jeden Mitarbeiter ergeben sich gegenüber dem heutigen, konventionellen Arbeiten neue Anforderungen, z. B. im Hinblick auf Flexibilität. Denn es werden mehr Selbstorganisation abverlangt, umfangreich Verantwortung übertragen und gleichzeitig auch das Vertrauen geschenkt, dies leisten zu können.

Bei NWS entscheiden die Mitarbeiter eigenverantwortlich wann und wo sie arbeiten. Dabei soll das Verwaltungsgebäude weiterhin der primäre Ort der Arbeit sein. Unerlässlich ist es somit, eine bedarfsgerechte, aktivitätsorientierte Arbeitsumgebung anzubieten, die direkte Interaktion und Kommunikation bestmöglich unterstützt. Traditionelle Büroräume werden daher in flexible Bürolandschaften umgestaltet. Nicht mehr der Schreibtisch ist der alleinige Ort der Arbeit. Je nach Arbeitssituation bieten sich eine Vielzahl von Modulen für Konzentration oder Kooperation bei der Arbeit an. So gibt es Bereiche für Kreativarbeit, Gruppenarbeit, Telefonate und Stillarbeit. Entscheidend ist, dass der gesamte Raum

„vergemeinschaftet" wird, d. h. von allen gleichermaßen nutzbar ist, und keine Hierarchie-orientierten Privilegien existieren.

NWS umfasst mehrere Stufen bei der Umsetzung, die vom Desk-Sharing innerhalb eines Teams bzw. einer Abteilung bis zum Teilen von Arbeitsplätzen innerhalb eines ganzen Gebäudes reichen. Welche Stufe zur Umsetzung kommt, wird vor allem von der im Status quo existierenden Arbeitskultur beeinflusst. In seiner ersten Stufe umfasst NWS ein Homezone-Konzept. Hierbei wird einer Gruppe von ca. 40–60 Mitarbeitern in einem Gebäude bzw. auf einer Etage ein bestimmter Bereich, die sogenannte Homezone, fest zugeordnet. Diese bietet den Beschäftigten der einzelnen Teams „Heimat" und erlaubt es ihnen, in räumlicher Nähe zueinander zu arbeiten, auch wenn die Arbeitsplätze nicht persönlich zugeordnet sind. Eine Homezone besteht typischerweise aus nicht mehr als vier bis fünf Nutzungszonen, die jeweils sechs bis zehn Standardarbeitsplätze gruppieren. Möglich ist auch, dass sich mehrere kleine Abteilungen eine Homezone teilen oder eine große Abteilung mehrere Homezones nutzt. Je nach Gebäude stehen den Mitarbeitern neben den Standardarbeitsplätzen und Funktionsmodulen ihrer Homezone (Abb. 5.2) weitere Konferenzräume, Pausenbereiche und Kantinen in den zentralen Gebäudeflächen zur Verfügung.

Mittels eines Baukastens mit standardisierten Modulen (Abb. 5.3) werden die Homezones analog des Lego-Prinzips durch die Nutzer entsprechend ihrer jeweiligen Bedarfe selbst gestaltet. Dies schafft Akzeptanz für das Konzept, fördert die Identifikation mit der neuen Bürowelt und schärft nicht zuletzt das Bewusstsein für die Ressource Raum. Die Nutzereinbindung im Bereich der Flächengestaltung erfolgt in Form von Workshops und Onlineabfragen.

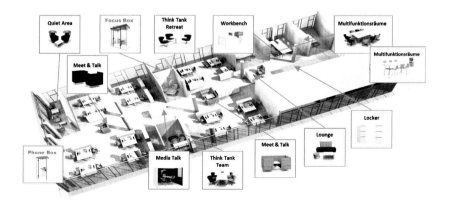

Abb. 5.2 Beispiel einer Homezone. (Quelle: Lufthansa)

Funktionsmodul	Tätigkeit	Beschreibung
Standard-Arbeitsplatz	Einzelarbeit, telefonieren	Schreibtisch elektrisch höherverstellbar, ergonomischer Bürodrehstuhl, Schrankelemente als Teamablage
Locker	Aufbewahrung, persönlicher Stauraum	Ein abschließbares Fach je Mitarbeiter (ca. 60x60x50 cm), Briefschlitz, Lockertasche zur Mitnahme an Schreibtisch
Lounge	Informelle Gespräche, spontaner Austausch, Wartebereich, Treffpunkt	Modulare, gepolsterte Sitzelemente, Beistelltisch
Multifunktion	Formale und geplante Meetings, Projektarbeit	Geschlossener Raum, alternative Ausstattung für Sitz- oder Stehmeeting für 6-8 Personen
Meet & Talk	Temporäre Einzelarbeit, telefonieren, spontaner Austausch	Akustische, visuelle Abschirmung, für 1-2 (kleine Variante) bzw. bis 4 Personen, integrierter Tisch
Workbench	Temporäre Einzelarbeit, spontaner Austausch	Hochtisch (Stehhöhe) für bis zu 8 Personen, höhenverstellbarer Arbeitsstuhl, Akustikpaneel
Think Tank	Temporäre Einzelarbeit, spontaner Austausch, informelle Meetings	Geschlossener Raum für bis zu 4 Personen in verschiedenen Setups, Arbeitstisch, Besprechungssessel
Focus Box	Temporäre Einzelarbeit, spontaner Austausch, vertrauliche Telefonate	Raum-in-Raum-Modul für 1 bis 2 Personen, Ablagetisch, Besprechungssessel
Phone Box	Vertrauliche, ungestörte Telefonate	Raum-in-Raum-Modul für 1 Person, Ablagetisch, Stehhilfe
Media Talk	Projektarbeit, spontaner Austausch	Akustische und visuelle halbhohe Abschirmung, für bis zu 4 Personen, Stehtisch, Stechhocker, Bildschirm
Quiet Area	Rückzug, vertrauliche und informelle Gespräche	Geschlossener Raum für 1 bis 2 Personen, informelle Atmosphäre, Ohrensessel, Beistelltisch

Abb. 5.3 Funktionsmodule. (Quelle: Lufthansa)

Für eine effektive Umsetzung mobilen Arbeitens im Rahmen von NWS ist schließlich eine einheitliche IT-Infrastruktur für alle Nutzer unabdingbar. Hierbei müssen die technischen Voraussetzungen in den Bereichen Network und Equipment geschaffen werden. Im NWS-Konzept kommen neue, standardisierte Tools zum Einsatz, wie u. a. WLAN, Notebooks, Mobiltelefone, Skype for Business und Headsets. Durch den Einsatz von Portreplikatoren entfallen Docking Stations. Neben der technischen Ausstattung und Bereitstellung von Hard- und Software ist es wichtig, die Nutzer zu befähigen diese effektiv einzusetzen. Das Konzept sieht hier eine Abfolge von Informationsveranstaltungen, Schulungen und Sprechstunden vor.

5.4   Vorgehen bei der Umsetzung

Die Umsetzung muss aufgrund der vielfältigen Parameter und Beteiligten gut vorbereitet sein. So koordiniert die Implementierung von NWS in der Lufthansa Group ein spezielles Kompetenzteam. Ferner wird an den jeweiligen Standorten ein Rollout-Team aufgebaut, welches im engen Kontakt mit dem Kompetenzteam, den Nutzern und externen Dienstleistern den Rollout vor Ort durchführt.

Um eine termingerechte und effiziente Umsetzung realisieren zu können, werden in einer Vorphase mit dem Management die relevanten Rahmenbedingungen geprüft. Nach Ausschluss definierter K.-O.-Kriterien wird anschließend in einer Feasibility Study der Business Case betrachtet und gegebenenfalls durch einen Test-Rollout mit ein bis drei Homezones validiert. Für jede Implementierung von NWS ist die Wirtschaftlichkeit des Arbeitens nach dem neuen Maßstab durch einen Business Case nachzuweisen.

Parallel wird der Beteiligungsprozess mit den jeweils zuständigen Betriebsräten begonnen. Da es in der Lufthansa Group keine generelle Betriebsvereinbarung zu NWS gibt, muss jede Rollout-Maßnahme gesondert beraten werden. Gegebenenfalls sind bestehende, unterschiedliche Betriebsvereinbarungen, die Regelungen zur Arbeitszeit enthalten (z. B. zu gleitender Arbeitszeit, Vertrauensarbeitszeit oder auch Arbeitszeitsouveränität) anzupassen. Deren Geltungsbereich muss jeweils individuell geprüft und mit dem örtlichen Betriebsrat verhandelt werden.

Nach erfolgter Freigabe durch die Gremien erfolgt die Umsetzung gemäß einem in der Pilotierung definierten standardisierten Vorgehen. Dieser in Abb. 5.4 dargestellte Prozess umfasst ca. 22 Wochen (ohne POE) und ermöglicht eine effektive Umsetzung, ohne auf funktionale Besonderheiten und Sonderanforderungen verzichten zu müssen.

Vorbereitung: Nach verschiedenen Kick-off-Veranstaltungen, in denen den Nutzern das Konzept erläutert sowie Chancen und Herausforderungen diskutiert werden, erfolgen die Erhebung der Bedarfe mittels Online-Befragung und die

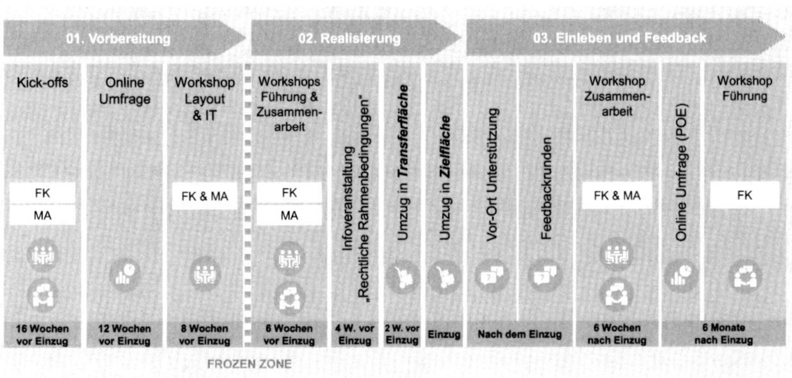

Abb. 5.4 Standardisierter Rollout-Prozess

Definition des Layouts der jeweiligen Homezone durch die Nutzer selbst. Die abschließende Festlegung des Layouts markiert zugleich die Frozen Zone, nach der bis zur Implementierung keine Änderungen mehr an der Flächenkonfiguration vorgenommen werden dürfen.

Realisierung: An die Freigabe der Planung schließen sich technische Prozesse an, wie u. a. Bestellungen von Möbeln und IT-Ausrüstung. Zudem werden die Nutzer der neuen Arbeitswelt zu Workshops zum Thema Führung und Zusammenarbeit eingeladen. Sie sollen die Auseinandersetzung mit Emotionen und eine Reflektion der eigenen Haltung zu NWS ermöglichen sowie die rechtlichen Rahmenbedingungen von NWS mithilfe eines interaktiven Spiels vermitteln. Ferner werden die Spielregeln im Umgang miteinander und für die gemeinsame Nutzung der zukünftigen Bürofläche besprochen.

Wenn kein direkter Bezug der Zielfläche möglich ist, werden die Nutzer ca. zwei Wochen vor dem Umzug in die eigentliche Homezone in eine vorbereitete Transferfläche verlagert. Die Zeit in der Transferfläche bietet eine gute Plattform, um neue Abläufe sowie die neue IT-Umgebung zu testen und gegebenenfalls entstehende Startschwierigkeiten kurzfristig zu beheben, damit der Umzug in die Zielfläche möglichst reibungslos verläuft.

Einleben und Feedback: Ab Einzug in die Zielfläche begleitet das Rollout-Team die Homezone noch weitere sechs Wochen. In den ersten Tagen nach dem Einzug betreuen Floorwalker die Nutzer hinsichtlich möglicher Probleme. In Feedbackrunden und IT-Sprechstunden können die Mitarbeiter sich zu allen offenen Fragen bezüglich NWS und der neuen Fläche austauschen sowie mit Unterstützung des Projektteams Lösungen für etwaige Probleme erarbeiten. Am Ende der Nachbetreuungszeit finden weitere Workshops zu Führung und Zusammenarbeit statt, in denen die wichtigsten Themen noch einmal in angemessenem Rahmen miteinander diskutiert werden. Anschließend werden die Homezones in den Routinebetrieb übergeben.

Etwa nach sechs Monaten werden die Nutzer noch einmal eingeladen, an einer Befragung teilzunehmen. Die Fragen nehmen Bezug auf die Online-Umfrage zu Beginn des Implementierungsprozesses und erheben, inwieweit sich Arbeitsweisen, Führungsverhalten und Zusammenarbeit verändert haben. Ziel ist es, mit den Ergebnissen das Konzept weiterzuentwickeln.

5.5   Effekte und Erfahrungen

NWS hat einen hohen Bekanntheitsgrad in der LH Group erlangt und ist als Produkt erkennbar platziert. Das Konzept bietet Vorteile für Unternehmen und Mitarbeiter.

Durch intelligentes und effizientes Nutzen von Flächen werden Infrastrukturkosten nachhaltig reduziert und so eine deutliche Verbesserung der Wirtschaftlichkeit erreicht.

Standardisierung und Non-Territorialität machen es möglich, jederzeit schnell und flexibel auf organisatorische Veränderungen zu reagieren und dadurch die Produktivität optimal zu unterstützen.

Die Vereinbarkeit von Beruf und Privatleben wird verbessert und erzeugt eine positive Außenwirkung als attraktiver Arbeitgeber. Homeoffice hat als Bestandteil von NWS große Akzeptanz und wird positiv erlebt.

Der Feedbackprozess zeigt hohe Beteiligungsquoten mit überwiegend positiven Ergebnissen. Nicht nur werden die technischen Neuerungen gut angenommen, auch die Akzeptanz des neuen Arbeitskonzeptes ist deutlich erkennbar. Die durchgeführten Evaluationen ergaben, dass 70 % der Mitarbeiter und Führungskräfte mit NWS zufrieden sind.

Ferner bestätigen die bisher mehr als zehn Rollouts, dass die Fokussierung auf eine ausgeprägte Nutzereinbindung wie auch das gemeinschaftliche Vorgehen von HR, IT und REM entscheidend für einen erfolgreichen Implementierungsprozess sind. Zudem hat sich die frühzeitige, proaktive Beteiligung der Arbeitnehmervertretungen als erfolgskritisch erwiesen.

Unterschätzt wird allerdings sehr oft, dass der Rollout lediglich den Startpunkt des Veränderungsprozesses bildet. In den Monaten nach Bezug der Homezone entscheidet sich, wie erfolgreich das Konzept sein wird. Deshalb ist ein belastbares Betriebskonzept für die NWS-Flächen von großer Bedeutung. Aus Flächenmanagement wird Nutzermanagement. Entsprechend muss das bisherige operative Flächenmanagement befähigt und die dort tätigen Mitarbeiter entsprechend qualifiziert werden.

Schließlich zeigen die Erfahrungen mit NWS, dass bei der Umsetzung zukünftig noch mehr Augenmerk auf die volle Unterstützung seitens des Führungsteams als einen kritischen Erfolgsfaktor gelegt werden sollte. Nicht zuletzt verlangt NWS eine Intensivierung der Kommunikation im Team bzw. unter den Teammitgliedern, um Teamstrukturen beim mobilen Arbeiten zu erhalten.

5.6   Nächste Schritte

NWS ist ein wichtiger Schritt bei der Gestaltung einer agilen Arbeitswelt in der Lufthansa Group und bleibt weiterhin der angestrebte Standard. Jüngste Studien machen aber bereits deutlich, dass in den nächsten Jahren vor allem komplexe Kommunikation und analytische Tätigkeiten (u. a. Big Data) die Büroarbeitswelt bestimmen werden. Dies erfordert eine permanente Anpassung von Arbeits- und Organisationsformen. Auch die Diskussion mit den bereits nach dem NWS-Konzept arbeitenden Beschäftigten zeigt die Notwendigkeit zur Weiterentwicklung des Konzeptes. Es fehlen insbesondere Räume und Ausstattungen zum interdisziplinären und projektorientierten Arbeiten nach neuen Prinzipien. Gerade in Zeiten der Automatisierung und Digitalisierung ist es von hoher Bedeutung, dass Menschen mit unterschiedlichen Arbeitsweisen und Erfahrungshintergründen zusammenkommen. Persönliche Kommunikation und kreatives Arbeiten stehen dabei im Vordergrund und bedingen kollaborationsförderliche Räume, Flächen und Funktionsmodule. Denn die Lufthansa Group will die abteilungsübergreifende Zusammenarbeit erleichtern und den Matrix-Gedanken leben, jenseits und unabhängig von Linienzugehörigkeit und formaler Stellung.

Die Lufthansa Group erprobt gegenwärtig auf zwei Pilotflächen, wie agile Projektarbeit der Zukunft aussehen kann. Funktionsmodule wie z. B. Arena, Market Place, spezielle Räume für Sprint-Sessions und Workshops werden getestet. Auch, weil die LH Group Methoden wie Design Thinking oder Lean stärker nutzen und andere kreative Methoden erlernen und anwenden möchten

Unabhängig davon welche Entwicklungsstufe von NWS umgesetzt wird, muss die Implementierung die Produktivität zu jedem Zeitpunkt optimal unterstützen und die Mitarbeiterinnen und Mitarbeiter auf diesem Weg mitnehmen. Nur wenn man mit den Beschäftigten die Vor- und Nachteile des Konzeptes offen diskutiert, kann man diese von seiner Vorteilhaftigkeit überzeugen. Glaubwürdige Mitarbeitereinbindung bleibt auch zukünftig der wesentliche Faktor für eine erfolgreiche und nachhaltige Implementierung.

Was Sie aus diesem *essential* mitnehmen können

- Weitschauende Unternehmen sind gut beraten, ihre Büros nach neuen Maßstäben auszulegen und eine Arbeitswelt zu schaffen, die es ihnen erlaubt, auf dynamische Umfeld-Entwicklungen schnell und flexibel zu reagieren oder diese maßgeblich zu bestimmen.
- Büro-Neugestaltung allein aus Kostengesichtspunkten heraus zu betreiben, wobei Flächen durch die (Wieder-)Einführung von Großraumbüros lediglich verdichtet und trendige Büromöbel aufgestellt werden, schafft keine nachhaltigen Wettbewerbsvorteile in einer VUCA-Welt.
- Um Agilität durch das Bürokonzept zu fördern, gilt es, Raumkonzept, Informations- und Kommunikationstechnologie sowie Führung und Zusammenarbeit unter Beachtung des rechtlichen Rahmens aufeinander abzustimmen.
- Die Entscheidung des Arbeitgebers über die Wahl des Bürokonzepts und der zu nutzenden Arbeitsmittel ist prinzipiell eine freie unternehmerische Entscheidung. Allerdings sind arbeitsschutzrechtliche Bestimmungen (insbesondere die Arbeitsstättenverordnung) und – soweit ein Betriebsrat vorhanden ist – dessen Beteiligungsrechte zu berücksichtigen. Ein vorhandener Betriebsrat sollte frühzeitig eingebunden werden.
- Grundlegendes Merkmal von neuen Büro-Layouts ist eine offene Raumfläche, die in flexibel nutzbare Zonen unterteilt ist und eine Vielzahl an Arbeitsmöglichkeiten in Abhängigkeit von den jeweiligen Nutzungsanforderungen bietet.
- IT ist Schlüsseltechnologie bei der Etablierung innovativer Büro- und Arbeitswelten. Die vielfältigen Lösungsansätze sollten in eine übergreifende IT-Modernisierungsstrategie integriert werden, um Insellösungen zu vermeiden und langfristig Kosten zu sparen.

© Springer Fachmedien Wiesbaden GmbH, ein Teil von Springer Nature 2019   49
M. Klaffke, *Gestaltung agiler Arbeitswelten*, essentials,
https://doi.org/10.1007/978-3-658-24864-2

- Agiles Arbeiten im Kontext einer modernen Büro-Philosophie verlangt eine veränderte Form von Führung und Zusammenarbeit. Im Zentrum stehen dabei Handlungsautonomie, Selbstorganisation und Kollaboration.
- Die Weiterentwicklung von Arbeitskultur und -umgebung muss in einem integrativen Prozess gemeinsam durch die Funktionsbereiche Personal, IT und Real Estate Management vorangetrieben werden. Nutzereinbindung ist wesentlich für den Umsetzungserfolg.
- Büro- und Arbeitswelten gilt es kontinuierlich kritisch zu reflektieren und – soweit erforderlich – sowohl die physische Büro-Konfiguration als auch die Standards für Führung und Zusammenarbeit anzupassen.

Literatur

Adams, M. (2018). Agile working requires better communication tools. ITProPortal. https://www.itproportal.com/features/agile-working-requires-better-communication-tools/. Zugegriffen: 28. Sept. 2018.

Agile Alliance. (2018). 12 principles behind the Agile Manifesto. https://www.agilealliance.org/agile101/12-principles-behind-the-agile-manifesto/. Zugegriffen: 28. Sept. 2018.

Amundsen, S., & Martinsen, Ø. L. (2014). Empowering leadership: Construct clarification, conceptualization, and validation of a new scale. *Leadership Quaterly, 3*(2014), 487–511.

BAuA. (2018). Technische Regeln für Arbeitsstätten (ASR). Bundesanstalt für Arbeitsschutz und Arbeitsmedizin. https://www.baua.de/DE/Angebote/Rechtstexte-und-Technische-Regeln/Regelwerk/ASR/ASR.html. Zugegriffen: 14. Okt. 2018.

Bell, R., & Fuchs, C. (2018). *Arbeitsschutz.* München: Vahlen.

Bennet, N., & Lemoine, J. (2014). What VUCA really means for you. *Harvard Business Review, 1*(2014), 27.

Biemann, T. (2018). Bosch baut um: Wie agile Organisations- und Arbeitsformen ein Unternehmen verändern (Interview mit Uwe Raschke). *Personal Quaterly, 3*(2018), 6–8.

Bitkom (2015). Vortrag zur Pressekonferenz Digitalisierung der Arbeitswelt am 26.02.2015. http://www.bitkom.org/files/documents/BITKOM_Charts_Digitalisierung_der_Arbeitswelt_26_02_2015(1).pdf. Zugegriffen: 5. Sept. 2015.

Brüschweiler, A., Höltschi, P., Arpagaus, S., & Meier, L. (2009). Farben, Bewegung, Lärm und Schlaf beeinflussen die Arbeitsproduktivität. *HR Today, 03*(2009), 45.

Capgemini Consulting. (2017). Culture First – Von den Vorreitern des digitalen Wandels. Change Management Studie 2017. https://www.capgemini.com/consulting-de/resources/change-management-studie-2017/. Zugegriffen: 23. Jan. 2018.

Citrix. (2015). Die Haupteinsatzfälle der Desktop Virtualisierung. Citrix, Santa Clara. https://www.citrix.com/content/dam/citrix/en_us/documents/oth/top-use-cases-for-desktop-virtualization-de.pdf. Zugegriffen: 24. Okt. 2015.

Deahl, D. (2017). Herman Miller debuts new smart office furniture that sets activity goals. The verge. https://www.theverge.com/circuitbreaker/2017/6/12/15783038/herman-miller-live-os-office-furniture. Zugegriffen: 28. Sept. 2018.

Dettweiler, M. (2015). Uh uh, Microsoft – Skype Translator im Test. Frankurter Allgemeine Zeitung. http://www.faz.net/aktuell/technik-motor/digital/microsofts-skype-translator-mit-deutsch-uebersetzung-im-test-13674304.html. Zugegriffen: 28. Sept. 2018.

© Springer Fachmedien Wiesbaden GmbH, ein Teil von Springer Nature 2019   51
M. Klaffke, *Gestaltung agiler Arbeitswelten,* essentials,
https://doi.org/10.1007/978-3-658-24864-2

Deutsches Büromöbel Forum. (2003). *Büro-Ökonomie: Mehr Wirtschaftlichkeit durch richtige Büro-Einrichtung, Arbeitsprozesse erleichtern und Flächenkosten optimieren.* Düsseldorf: Informationsschrift des deutschen Büromöbelforums.

DGfP. (2016). Agile Unternehmen – Agiles Personalmanagement, DGfP-Praxispapier. https://www.dgfp.de/fileadmin/user_upload/DGFP_e.V/Medien/Publikationen/Praxispapiere/201601_Praxispapier_agileorganisationen.pdf. Zugegriffen: 31. Aug. 2018.

Duffy, F. (1997). *The new office.* London: Conran Octupus.

Eltawy, N., & Gallear, D. (2017). Leanness and agility: A comparative theoretical view. *Industrial Management and Data Systems, 1*(2017), 149–165.

Eckl-Dorna, W. (2016). Dieser Stuhl ist der Traum aller Büro-Ordnungsfanatiker. Manager Magazin Online. http://www.manager-magazin.de/unternehmen/industrie/endlich-ordnung-im-buero-nissan-zeigt-selbstparkende-stuehle-a-1077936.html. Zugegriffen: 28. Sept. 2018.

Fitting, K., Engels, G., Schmidt, I., Trebinger, Y., & Linsenmaier, W. (2018). *Betriebsverfassungsgesetz Handkommentar.* München: Vahlen.

Fraunhofer. (2018). Kurzbericht zur Studie »Wirksame Büro- und Arbeitswelten«. https://kongress.designfunktion.de/wp-content/uploads/2018/05/Fraunhofer-IAO_Wirksame-B%C3%BCro-und-Arbeitswelten.pdf. Zugegriffen: 31. Aug. 2018.

Fraunhofer. (2010). *Studie «Green Office»: Ökonomische und ökologische Potenziale nachhaltiger Bürogestaltung.* Stuttgart: Fraunhofer-Institut für Arbeitswissenschaft und Organisation.

Gartner. (2010). Gartner says the world of work will witness 10 changes during the next 10 years. http://www.gartner.com/newsroom/id/1416513. Zugegriffen: 20. Sept. 2013.

Günther, J., & Böglmüller, M. (2017). Digital Leadership – Mitarbeiterführung in der Arbeitswelt 4.0. *Neue Zeitschrift für Arbeitsrecht, 2017,*546.

Handelsblatt. (2017). Wir sehen uns dann im virtuellen Büro. https://www.handelsblatt.com/adv/dell/virtual-und-augmented-reality-wir-sehen-uns-dann-im-virtuellen-buero/19901062.html?ticket=ST-2279714-ygrxXfZwpvg647zRdnTc-ap1. Zugegriffen: 28. Sept. 2018

Harvard Business Review. (2018). Why you should rotate office seating assignments. *Harvard Business Review, 2*(2018), 22–23.

Haynes, B. P., & Nunnington, N. (2010). *Corporate real estate asset management: Strategy and implementation.* Oxford: Estates Gazette.

Kesling, B., & Hagerty, J. H. (2013). Die Mauer muss weg. Spiegel Online. http://www.spiegel.de/karriere/berufsleben/einrichtung-offene-raumkonzepte-im-buero-a-894489.html. Zugegriffen: 20. Sept. 2013.

Kienbaum. (2015). Agility – Überlebensnotwendig für Unternehmen in unsicheren und dynamischen Zeiten. Change Management-Studie 2014/15. http://assets.kienbaum.com/downloads/Change-Management-Studie-Kienbaum-Studie-2014-2015.pdf?mtime=20160810120630. Zugegriffen: 30. Aug. 2018.

Kitterle, C. (2016). Evolution@work: Fallstudie Swiss Re Deutschland AG. In M. Klaffke (Hrsg.), *Arbeitsplatz der Zukunft* (S. 191–206). Wiesbaden: Springer.

Klaffke, M. (2017a). Das Büro als Treiber von Agilität. *Personalmagazin, 8*(2017), 48–51.

Klaffke, M. (2017b). Neue Arbeitswelten erfolgreich einführen. *Fachmagazin Changement, 01*(2017), 14–17.

Klaffke, M. (2017c). Büro 4.0 – Wertschöpfungsbeitrag neuer Büro- und Arbeitswelten. Diskussionspapier Hochschule für Technik und Wirtschaft Berlin. http://people. f3.htw-berlin.de/Professoren/Klaffke/pdf/Diskussionspapier.pdf. Zugegriffen: 23. Jan. 2018.

Klaffke, M. (2016a). Erfolgsfaktor Büro – Trends und Gestaltungsansätze. In M. Klaffke (Hrsg.), *Arbeitsplatz der Zukunft* (S. 1–27). Wiesbaden: Springer.

Klaffke, M. (2016b). Innovative Bürowelten – Mehr als Tischkicker und Wohlfühloase. *Fachmagazin Changement, 01*(2016), 11–13.

Klaffke, S., & Reinheimer, S. (2016). Enterprise 2.0 – Gestaltung der Büro-Informations- und Kommunikationstechnologie. In M. Klaffke (Hrsg.), *Arbeitsplatz der Zukunft. Konzepte, Instrumente, Good-Practice-Ansätze* (S. 141–167). Wiesbaden: SpringerGabler.

Lawrence, P., & Lorsch, J. (1967). Differentiation and integration in complex organizations. *Administrative Science Quarterly, 12*(1967), 1–30.

Merton, R. K., & Barber, E. (2006). *The travels and adventures of serendipity: A study in sociological semantics and the sociology of science.* Princeton: Princeton University Press.

Myerson, J., & Ross, P. (2003). *Bürodesign heute.* München: Deutsche Verlags-Anstalt.

Münchner Kreis e. V. (Hrsg). (2013). *Innovationsfelder der digitalien Welt: Bedürfnisse von übermorgen.* Münchner Kreis: München. https://www.eict.de/files/downloads/2013_ Innovationsfelder_der_digitalen_Welt.pdf. Zugegriffen: 24. Nov. 2015.

Oldenburg, R. (1999). *The great good place: Cafes, coffee shops, bookstores, bars, hair salons, and other hangouts at the heart of a community.* Cambridge: Da Capo.

Oltmanns, S., & Fuhlrott, M. (2018). Desk-Sharing & Coworking-Spaces: Arbeitsrechtliche Besonderheiten zweier „moderner Arbeitsformen". *Neue Zeitschrift für Arbeitsrecht, 2018,*1225.

O`Reilly, C. A., & Tushman, M. L. (2004). The ambidextrous organization. *Harvard Business Review, 04*(2004), 74–81.

Petry, T. (2018). Agile Führung als Antwort auf eine VUCA-Umwelt. *Personal Quaterly, 3*(2018), 18–23.

Plass-Fleßenkämper, B. (2016). Dieses smarte Büro in Amsterdam weiß alles über seine Angestellten. Wired Magazine. https://www.wired.de/collection/design/dieses-smarte-buero-amsterdam-weiss-alles-ueber-seine-angestellten. Zugegriffen: 28. Sept. 2018.

Rolf, A. (2007). Mikropolis 2010 – Menschen, Computer, Internet in der globalen Gesellschaft. http://edoc.sub.uni-hamburg.de/informatik/volltexte/2013/182/pdf/rolf_mikropolis_2010.pdf. Zugegriffen: 20. Sept. 2013.

Rosing, K., Frese, M., & Bausch, A. (2011). Explaining the heterogeneity of the leadership-innovation relationship: Ambidextrous leadership. *The Leadership Quarterly, 05*(2011), 956–974.

Saurin, R. (2012). *Workplace futures: A case study of an adaptive scenarios approach to establish strategies for tomorrow's workplace.* Doctoral Thesis. Dublin Institute of Technology, Dublin.

Steelcase. (2012). *Die nächste Büro-Generation: Warum Entscheider aufmerksam zuhören.* 360° Steelcase, Rosenheim.

Steelcase. (2015). *Think Better: Neurowissenschaften: Der nächste Wettbewerbsvorteil.* 360° Steelcase, Rosenheim.

Steelcase. (2016). *Engagement and the global workplace. Key findings to amplify the performance of people, teams and organizations.* Grand Rapids: Steelcase Inc.

Stück, V. (2018). New Work – New rules? Ausgewählte arbeitsrechtliche Aspekte der Planung und Umsetzung moderner Bürokonzepte. *Arbeitsrecht Aktuell, 2018,*409.

Völler, C. (2017). Chef-Erfindung? Dieser Büro-Roboter soll Angestellten bei Problemen helfen. https://blog.otto-office.com/buero-roboter. Zugegriffen: 28. Sept. 2018

Vollmer, D. (2018). Microsoft Teams – Ein Werkzeug für alles. Computerwoche. https://www.computerwoche.de/a/microsoft-teams-ein-werkzeug-fuer-alles,3544809. Zugegriffen: 28. Sept. 2018.

Weber, S., Zimmermann, A., & Fischer, S. (2018). Agilität in Organisationen – Welche Herausforderungen sehen Führungskräfte? *Personal Quaterly, 3*(2018), 24–29.